Ideas

THE PEOPLE EQUATION

Why Innovation Is People, Not Products

创新在于人，而不是产品

硅谷的人才秘密

[美] 黛博拉·佩里·皮肖内（Deborah Perry Piscione） [英] 戴维·克劳利（David Crawley）/ 著 佟金宇 / 译

中信出版集团 | 北京

图书在版编目（CIP）数据

创新在于人，而不是产品：硅谷的人才秘密 /（美）黛博拉·佩里·皮肖内，（英）戴维·克劳利著；佟金宇译. -- 北京：中信出版社，2019.1

书名原文：The People Equation: Why Innovation Is People, Not Products

ISBN 978-7-5086-9829-8

I. ①创… II. ①黛… ②戴… ③佟… III. ①企业管理－人才管理－研究 IV. ① F272.92

中国版本图书馆 CIP 数据核字（2018）第 270137 号

创新在于人，而不是产品——硅谷的人才秘密

著　　者：［美］黛博拉·佩里·皮肖内［英］戴维·克劳利
译　　者：佟金宇
出版发行：中信出版集团股份有限公司
（北京市朝阳区惠新东街甲 4 号富盛大厦 2 座　邮编　100029）
承 印 者：北京画中画印刷有限公司

开　　本：880mm×1230mm　1/32　　印　　张：7　　字　　数：110 千字
版　　次：2019 年 1 月第 1 版　　印　　次：2019 年 1 月第 1 次印刷
京权图字：01–2018–8117　　广告经营许可证：京朝工商广字第 8087 号
书　　号：ISBN 978-7-5086-9829-8
定　　价：59.00 元

致我们各自的家人，他们每天早上都启发我们用不同的方式思考：迪诺、多米尼克、德雷克、戴恩·亚历山德丽亚、苏珊娜和卡特琳娜。

目　　录

你在拼命地挤进头等舱，还是

在努力让这趟列车开得更快？

序 言

为什么人更重要

你所在的组织属于哪一种？是其中的每一位成员都在拼命地挤进头等舱，还是大家都在努力让这趟列车开得更快？这个问题看起来似乎无关紧要，但其实象征着我们所在的组织内部，甚至是整个世界正在经历的变化。我们要生活在一个充斥着贫富对立、“命令”与“被命令”的紧张感的世界，还是一个大家共同前进的世界？这个疑问点明了被权力、贪婪和控制欲驱动的人与创新者之间的分歧。后者认为应该把让大家提出新想法、新观点和大胆发明的机会民主化、大众化。创新者建立的组织将人放在最重要的位置，其做事方法是为人提供支持、鼓励和心理安全而设计的，让组织能够发挥成员的天赋、热情和兴趣。在本书中，我们提倡以人为中心的组织。在这个组织里，所有人都在通力协作让这趟列车加速，而不是只关注抢头等舱的车票。

组织和人才的公式

想象一下，作为一个经理，你看着与你共事多年的员工的双眼，告诉员工他们的工作岗位被撤销了，公司不再需要他们，他们的工作前景将陷入一片混乱。想象一下这种事将发生在你 45% 的同事被自动化技术替代的世界。这个数字是麦肯锡公司估算出的可以被现有自动化技术替代的工作的比例。

基于这个预期，数以百万计的人工会被取代，为什么我们依然对未来如此乐观？为什么我们会认为未来的世界会提供更多让我们实现自我价值的工作，而不是更少？在未来，人类独有的创新能力会消耗大部分工作。此外，因为这个世界变化的速度超越以往，对创新的需求会比今天更高，而非更低；公司需要创新的速度会加快，而非变慢；公司需要的创新型人才也会比今天更多。在未来的社会里，公司需要做出改变以更加充分地激发员工的热情和兴趣。

但是，因为现代公司的等级制设置主要是为了完成更多的工作，而不是激发新想法，未来的公司需要不同的组织方式——它们需要用不同的思维模式来看待员工和业务流程。可以确定的是，像那些在其他急剧变化的时代里没有成功实现飞跃的公司一样，无法改变运作方式的公司总有一天会消失。

我们对金字塔结构的痴迷从何而来

1911 年，在工业革命的后半段，弗雷德里克·温斯洛·泰勒，一个热衷于组织效率的机械工程师，出版了《科学管理原理》。这本书鼓励管理者把员工看作专业的、可以替代的元件，就像转轮上的齿轮。通过研究人们利用时间的过程和方式，泰勒发明了“泰勒制”——一种让管理者可以“确保雇主利益最大化”的方法。将员工当作一种资本资产来看待的确有一定的吸引力，因为这为管理层提供了一个非常清晰的定位。在工业生产的年代，完成更多工作的基本方法围绕着调动更多的资本和人员展开，泰勒制似乎比较符合高管们的想象。泰勒制几乎不关注员工的想法、感受和愿望，它在大半个世纪甚至是更久的时间里，奠定了美国管理实践的基调。

当时，泰勒制是极为成功的模型，一部分是因为它制造了恐惧——对失去工作的担忧能推动员工完成工作。但是在1924—1932年，美国国家研究委员会主持的霍桑实验在泰勒制基础上，主张工人并不是机器，而是有感情、有主观愿望的活生生的人，工资仅仅是激励员工努力工作的诱惑之一。尽管有这种新见解，很多公司还是维持着典型的命令–控制型结构。

质量即工作的乐趣

在1950年，W.爱德华兹·戴明，一位工程师和管理顾问，在日本科学技术联盟发表了演讲，并宣讲了“质量管理”的概念，该概念最基础的原则就是利润来自老顾客。因此，员工应该将重点放在制作最好的产品上，而不是管理层强制要求的销售定额。“质量即工作的乐趣”这一概念表明了当个体的想法、感受和愿望被尊重且被考虑的时候，生产力会增加。可能是历史的巧合，戴明的大半职业生涯都在改善日本工业，作为第二次世界大战结束后日本重建工作的一部分。与此同时，在美国，麦肯锡公司的管理顾问马文·鲍尔也在哀叹为传统等级制模型找到替代品的难度之大。

尽管泰勒制的很多潜在假设已经被彻底颠覆，但它仍被证实是一种很难改变的组织标准。那些领导等级制的人更倾向于沿用老规矩和20世纪的命令–控制型流程。在一些行业中，当组织里专业的“齿轮”——员工，为了满足某一精确的商业需求而被调整后，这些公司会运作得非常顺利，但也仅限于这些员工服从于这个特定过程的时候。这意味着等级制、以恐惧为导向的和以控制为基础的组织可以维持现有地位，因为它可以成功完成正在做的事情。但这个世界已经变了。

流体经济：从线型到指数型

正因为当今世界的丰富多样在1 000年、100年甚至是20年前都是难以想象的，未来世界会以令人难以察觉的速度变得比今天我们所认识的世界更有流动性、更有活力。在本书中，我们将这种迅速变化的节奏，甚至是持续的颠覆称为“流体经济”。

对企业成长本质的研究表明，企业成长最原始的驱动力是向新兴且发展中的市场扩展，而不是增加在现有核心市场里的占有率。在流体经济里，所有经济领域都已经到了可以被瓦解的成熟时机，公司想要保持长久的发展需要持续不断地去开拓新的经济领域。

现在，在传统金字塔式的管理方式和以知识工作者为主的创新型经济之间存在着相当大的断层。从定义来讲，知识工作者拥有管理层没有的知识，而且受聘的理由往往是为公司创造新的智慧并让公司受益。所以，管理层必须鼓励组织迈向新的且往往是未知的领域。在这个领域里，员工的待遇好过机器里的齿轮。

很明显，当技术进步的速度从线型变成指数型时，人们从事的工作类型会发生变化。IDEO（知名创新设计公司）的首席执行官蒂姆·布朗和密歇根大学教授杰弗里·莱克尔等人已经开始讨论一些组织性需求需要根据迅速的变化做出调整，并提出了应对的策略。在流体经济里，拥有有能力、智慧，且能快速应对市场变化的人才会比开拓新市场重要得多。在这个信息自由流动且基本上不需成本就可以创立新创企业的世界里，很容易有自命不凡的新手竞争者去抢占你认为你已经拥有的市场。

为什么增长很难实现

麦肯锡公司对高管的调查显示，对高管们来说，公司的成长是最突出的挑战，经常比战略计划、运营效率、营销推广和品牌建立等都重要。同一调查表明，注重创新的公司能够更好地成长、创新，也能有更佳的投资回报率。同时，能产生良好收益的公司不仅能把钱还给股东，还更有能力投资员工的支持度和满意度。这种公司的表现及其相应补偿员工的能力差距非常明显。总统经济顾问委员会的贾森·福尔曼和布鲁金斯学会的非常驻高级研究员彼得·奥茨扎格已经用过这种差距来解释过去 30 年众说纷纭的收入差距的增长。仅有一小部分公司通过新生意获得显著收益。对高管的调查表明，仅有 6% 的高管对公司创新的成绩感到满意。这些事实指向了正在创新、成长且培养员工的公司与其他公司之间的差距。根据福尔曼和奥茨扎格的说法，自 1990 年起，公开上市的非金融公司较普通公司有非常巨大的进步。如果不考虑商誉，这些资本回报率排名前 10% 的公司，比排在中间的公司要出色 10 倍，而这在几十年前还仅仅是 3 倍。所以，一些公司似乎开始响应正在变化的世界了，而且真真正正地开始从中受益。但当商誉也被考虑在内时，差距就没有那么明显了。一些公司似乎尝试通过并购或收购来应对挑战，不过，尽管购买创新是有用的，却没有自内培养创新那么有效。

关键在于，你是选择良性循环还是恶性循环。如果你能成长和创新，你会更好地照顾你的员工，并且招募到最有才能的员工，这会再帮助你进行创新；如果你不能做到这些，你的公司很可能注定要进入漫长而缓慢的衰退期。

这个世界已经变了，管理方法为什么还没变呢

可怕的是，尽管有近一个世纪的无数对领导力和企业管理的洞见和研究，但真正对综合管理实践的变革性观念的持续影响一直很有限。尽管在 2005—2012 年间像百思买公司提出的“只关注结果的工作环境”（ROWE）的一类先驱想法一度非常成功，但最终往往会被推行这些观点的组织摒弃，官僚组织迟早会恢复它们最擅长的官僚行为。正是这种“自动驾驶”的想法在阻止组织成长。你可能会好奇，超越命令–控制模式，并让员工更加自由、有创造力，还能提出新想法的进步有什么可恐惧的？更让人头痛的问题是——为什么改变这么难？

《领导者的全新管理指南》一书的作者史蒂芬·丹宁与我有邮件往来，他提道：

> 事实证明，达到可持续的创新是不在大部分领导者预料之内的更棘手的问题。等级制官僚主义并不是一套线性的机制，无法通过实施已证实的补救性措施来一步一步改善……等级制官僚主义实行起来更像灵活多变的病毒，能够稳定地针对环境做出改变，最终被打败，然后进行自我修复，再恢复初始状态，有时甚至能比以前更有侵略性。

丹宁的观点提醒了我们该如何应对很多社交、经济和金融问题：当问题的性质严重时，它们表面上看来是无解的，所以我们几乎什么都不做。举个很简单的例子，在你给你的孩子报了钢琴课的 6 个月后，你发现你的孩子并没有比 6 个月前弹得更好。你认为这是谁的错？你会怪那个非常受尊敬，而且天赋异禀并精通钢琴的名师吗？你会责备你的孩子没有按照老师的要求每天练习 30 分钟吗？是钢琴跑了音，还是琴键很难弹？是你的孩子不专注，不守规矩？还是你会怪自己为孩子挑的练习曲目太难或太乏味？或是钢琴课上课的时间段难以让你的孩子集中注意力？你常常可以发现问题，却很难对症下药。

事实上，在当今世界，自动化技术随时可以取代一切，我们已经提到过如今 45% 的工作都可以被现在已有的技术替代。在这个世界上，重要的不是对领导者下达的命令的执行，而是员工本身和他们的想法。这就需要一个不同以往的组织，在这个组织里，一线的员工才是所有组织的中心，而不是对那些等级制度中高层的意愿的执行。

流体经济是什么样的

对于那些想要超越别人的人，这个世界已经少了很多条条框框——你不再需要接受传统的教育，然后把自己交付给一个公司，期待着能往上爬。支付员工工资然后期待他们履行职责的日子已经结束了。年轻一代已经不再只想挣工资，他们在大学时就想脱颖而出。通过挖掘员工的热情、欲望和兴趣，那些能够让员工敢于冒险的公司能获得更大胆的创意。能够让员工看到未来将有所收获的公司才会赢，如果不向员工提供心理安全，你的公司是不会也没法赢的。

零工经济的意思是供应商和消费者可以在线匹配服务内容，包括从把某个人载回酒店，到开发非常复杂的计算机算法等各种服务。这种模式需要权衡每个人的技能和天赋。我们期待 T 型人才可以在流体经济里成功。这些人才可以提供纵向的硬性技能，比如编程；同时也有横向的好奇心，去探索其他的兴趣，例如市场、销售、财务预测和客户移情。比如现在流行的优步兼职司机的模式，一个年轻人也许会从事很多看似毫无关联的行业的工作，但这可以让他们学会各种各样的技能，用不同的视角去看待事物。他们可以利用这些技能让自己更全面——知识更丰富，工作更投入，并最终获得自我满足感。

正如传统纸媒被在线新闻媒体的出现所挑战一样，传统高等教育也会受到在线学习的影响。很多学校都在帮助毕业生做好创业的准备，或是帮他们进入谷歌等行业领先的公司从事编程工作。例如，一家总部在洛杉矶的专教计算机科学的大学（Make School），就为学生提供两年制大学课程。Make School 的学生不需要贷款或者付学费，只需在离开学校后付给学校头两年收入的 25%。除了学术考量，对于为什么孩子要去读传统的四年制大学，你可以有很多理由，但现在的孩子学习学术知识的速度比 20 年前要快得多。此外，较前几代来说，千禧一代和更年轻的一代正在培养能够让他们更早地成就真实自我的兴趣和爱好。

随着越来越多的日常工作可以由计算机完成，人的价值越来越不取决于他们的硬性技能，而是越来越偏向于他们的人性技能。创造力、设计思维和合作力会比大学知名度或专业重要得多。根据 *Inc.* 杂志（美国主流商业杂志）预测，在 2020 年，“想出解决方案、提出想法和做出反应的能力会受到追捧，而且会强迫你”去成为更有价值的人才，不论是作为员工还是创业者。具备跨文化能力和社交能力会非常有利，因为贸易会继续在全球层面开展。

为什么人才公式很重要

我们住在硅谷，这里是世界创新之都，而这里最大的资产和秘密法宝就是人才和他们的思维模式。黛博拉在全世界等级制度最严格的城市之一——华盛顿哥伦比亚特区工作了18年后，在2006年搬到了硅谷。她曾在国会和白宫工作，并担任过美国有线电视新闻网（CNN）和其他全国性广播网的时事评论员。从这段经历中，她学会了做好两件事：让人恐惧（没人比华盛顿的新闻媒体更擅长这个了）和把人分成“我们”和“他们”来削弱信任。人是可以被抛弃的，不管你多么有才华，总会有一个更年轻、更廉价的替代品。

搬到了硅谷的6个月里，黛博拉就筹集到了资金，并在10年内建立了4家公司：内容服务和电子商务的领军企业——“贝蒂的秘密”（BettyConfidential）；全球商界女性领袖的商务洽谈平台——“通往硅谷之路”（Alley to the Valley）；专注儿童教育的游戏公司——“傻瓜天才”（ChumpGenius）；一个正在申请专利的可以有效解决汗渍和异味的内衣品牌——“诺比幽内衣”（Nobiyo Freshwear）。黛博拉相信，就华盛顿的文化和思维模式而言，假如她一直待在那，单单通过得到投资者的信任就筹集到资金是不可能的。于是，她在创业冒险的中途请了个假，写了《这里改变世界：硅谷成功创新之谜》一书。在书中，她浅析了人被赋予的价值背后的历史，以及为什么合作的思维模式依然根深蒂固，她的观点可以与斯坦福大学创始人利兰·斯坦福等人的远见卓识相媲美。斯坦福在19世纪50年代加利福尼亚州淘金热期间从纽约西行来到加州，他意识到这些来自世界各地的勇敢的冒险者不必讲一样的语言或拥有共同的文化传统，也可以有相同的欲望去追求同一个目标，并且想出如何合作，然后大获成功。斯坦福知道人一旦摆脱了传统和层级，就会有重大的进展，任何事情都有可能发生。

飞兆半导体公司于 1957 年在硅谷成立时，公司的 8 位联合创始人认为一个组织的成员应该像家人一样。因为鄙视东海岸的等级制度，“叛逆八徒”，或者说现在人们熟知的“仙童”们承诺他们会把“家庭文化”带到任何之后成立的公司里。当世道艰难的时候，你不应该裁员，而是要想办法削减成本，并照顾你的员工。后来，仙童们共同创立了新公司，在硅谷成立了超过 130 家企业，英特尔和超微半导体公司就包含其中。在 20 世纪 90 年代后期，谷歌联合创始人拉里 · 佩奇和谢尔盖 · 布林认为应该创造一个生活化的工作环境，在这样的环境里，娱乐性和创造力都非常重要，员工身体上、情感上和精神上的需求都能得到空前的满足。像谷歌、网飞、脸书和皮克斯等公司都拥有生活化的工作环境，这让它们鲜有对手。

因为这种思维模式，硅谷人可以影响公司的成败。这也是为什么在硅谷，员工会得到股权奖励。通常，人们愿意用短期的报酬换取可以长期获得财富的前景。硅谷人的智力和思维模式会继续改变世界的预期和行为，即我们思考、互动和进化的方式。如果你有正确的思维模式，绝大部分的事情都有可能做到。

你在硅谷开始创业，就如同创造一个生命。大部分创始人在公司上市或被收购后依然留在原职位，即便在获得了巨大财富后，他们还是养育这个婴儿到成年的父母。单是创造生命这个概念就能改变我们对于领导一个组织的意义的认识，这也能改变你雇用谁来帮忙“养育孩子”的思维模式，更重要的是，你对待员工的态度也会发生变化。

在创业世界里，创业经验和传统企业管理经验是相反的。创业经验与未知更有关，而不一定是向一个计划好的目标努力，它甚至还关乎实现某一种渴望或某个人真实的自我。大部分创业者开始于一个他们想解决的问题，一个想抓住的机会，或是一个尚未被满足的需求。有时候，推动力是“我们一起探索做一件特别酷的事，然后看会成什么样”，或者“我们一起迅速尝试 8—10 件事，然后看看哪一件能行”。在这种模式下，工作职责没有那么重要（对于任何在创业公司的员工来说，每个人都身兼数职），反而是极度的即兴，就像一个爵士乐队，可以随时改变或加入新旋律或节奏。不论如何，创业者主要的想法是尽可能早点儿（在大部分人认为的理想时间之前）做出一些东西来，然后根据市场的反馈，看做出相应调整、改进的时间有多快。在这种模式下，事情会随着时间持续地发展和变化，而你测试的是一个创业团队的思考过程、热衷程度和真实性。这种模式的战略重点是正在进行中的开放式的进程，并且对于员工来说，战略重点在于信任、合作和做最好的自己。这关乎一同创造未来，而不是在“我们”和“他们”的对立中运行。

戴维·克劳利博士是 20 世纪 80 年代在中国香港长大的英国公民，他先后就读于牛津大学和剑桥大学，是一位半导体物理学家，曾任麦肯锡公司顾问，也是一位运动员并参加了 2004 年雅典奥运会赛艇选拔赛。他见证了香港成为全球最有贸易活力的城市之一的历程。戴维曾在各种各样的组织服务、工作或担任管理工作，从新创企业到军队，从大型任务驱动型的非营利性组织，到庞大的等级制公司。他经常惊讶于错误的等级制是可以多么轻易地扼杀我们人类才拥有的创造力。他多年来都在尝试寻找更好地适应未来世界的办法。

我们曾因即刻创新™（Improvisational Innovation™）合作过，这个概念是黛博拉在观摩高通公司的创新计划（ImpaQt™）之后提出的。在过去的几年里，我们与价值数十亿美元的公司的高管们有过数不清的对话，他们常常为不知道公司的未来或下一个大创意在哪而难以入睡。通常，我们与他们关于创新的讨论常常会偏离到公司接下来要发售的产品上，而不是探索提出新想法的潜在方法或是更重要的问题——为他们工作的员工到底是什么样的人上。我们不可避免地会问到组织里谁是最勇敢的冒险者或谁最具创业者精神，而对话也难免以空洞的凝视结束。这证明了我们的观点：创新和创新带来的增长是这些高管们最缺少的东西。同时，不管高管们对他们的团队是否有自信（不管这个组织多大），他们通常都无法清晰地说出组织里谁是提出创意的人，或者创意产生的过程。

我们经常会被问道：谁擅长人才培养？如果你继续往下读，答案可能不是你们通常所想的。比较严酷的现实是，我们无法在美国传统企业里找到以人为中心的组织的榜样，而谷歌公司已经在世界范围内被全面彻底地研究和记录过了，它更像是世界的而非美国的。所以，你会找到很多美国公司以外的案例分析，这些案例能说明当一个公司重视其员工的创造力而非等级制组织结构时，能产生哪些新的可能。

我们很清楚当你以控制为目的而不是从员工本身出发做出安排时会发生什么。我们也曾在被贪婪、金钱、政治和控制主导的组织里工作过，也目睹过它们带来的影响。我们明白当你被这些文化包围，甚至是被同化的时候，它们是你的常态。很多组织发现，如果不能加快创新的速度，它们很难维持良性的收益。对新技术或经营的投资并不能创新，只有人才能创新。

接下来的 8 个章节讲的是为了应用“人才公式”，你需要做什么，你所做的会让你的组织转变为以人为先的组织，然后人才有机会创新，这将成为在流体经济中组织走向成功的关键。本书会让你看到如何创造这样一种组织文化：冒险者被嘉奖；打破成规受到鼓励；杰出人才之间的合作得到培养；新试验和新想法被提出时，得到的回应不是被质疑为什么，而是被询问怎么做。我们坚信，为你的组织注入人才的创新能量会让你的组织发展壮大，并更有效地增值。等着看这趟列车会加快多少吧！

人才公式配方

人才公式很简单：提供一种鼓励冒险的公司文化，使员工在心理安全的状态下进行创新。这种文化包含以下 4 个元素：

人才公式 = 心理安全 ×（创新过程 + 反转型组织 + 思维模式）

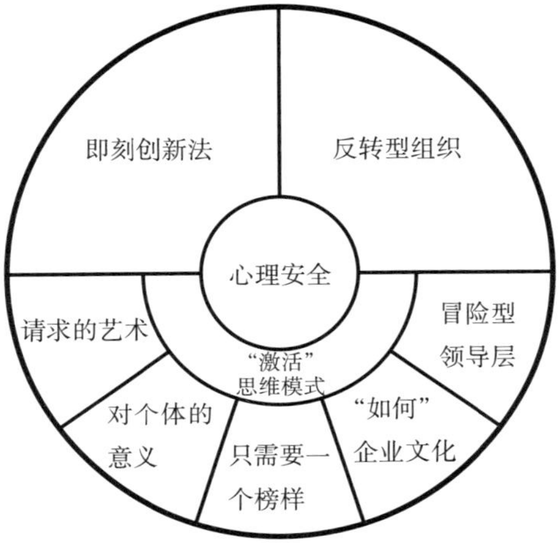

图 1　人才公式框架

现在的组织有两种平衡模式。一种是每个独立的个体都没有等级制度重要，在这种组织里，每个人都想挤进火车的头等舱。另一种是个体和他们的想法比等级制度重要，在这种组织里，每个人都想方设法让火车开得更快，这种组织对人的重视程度远远大于对等级制度的重视。

人才公式框架

为什么在逐步技术化和自动化的今天，人更重要了呢？这也是本书想要回答的难题。人才公式需要你反思以下问题，并找到答案：

- 你的企业是想以被企业战略或少数几个高层的想法限制住的速度创新和发展，还是想利用企业全员的想法，通过权衡员工的意见，以递增的速度衍生出下一个大创意？
- 你是想在流体经济中蒸蒸日上并直面挑战，还是想舒适地打安全牌（有可能看着公司缓慢但不可避免地衰落下去）？
- 你是想留住最得力的员工，还是想看着他们跳槽，然后开创他们自己的事业？
- 你是只关注眼前利益，还是想要创造一个更有价值的公司？

如果你对以上任一问题的回答都是选择更进一步的那个答案，我们相信，想要有效地转变成人才公式框架（图 1），你在做事流程、企业架构和思维模式上都需要做出有组织性的改变。在人才公式里，一群大脑活跃并专注的人会成为企业成功最重要的驱动力，因为有些事只有人才可以做到。

心理安全：创新的激活者

一个以人为中心的机构的基石就是身在其中的人有心理安全感。这种安全感是指在任何情况下，组织里的每个人都会被尊重，而不会因为想办法为组织做出一些真诚却不一定成功的改进而受到惩罚。心理安全是在组织支持冒险时才会产生的感觉，这个心理状态需要所有成员都做出贡献。在组织不会有意采用直接或间接的威胁来刺激员工时，心理安全就会出现。当人们感受到这种心理安全后，我们所有人都拥有的高阶思维能力就会被解锁，更有创意、更有意义的互动就会相应产生。在第 1 章中，我们会证明，如果你不尊重或创造心理安全的环境，组织成员是无法进行与众不同的创造的。

突破性创新的过程

在人才公式里，你需要提供一个规律的、参与度高的创新过程。也就是说，不论年龄、经验、教育、薪酬等情况如何，公司的任何人都能参与大胆且难度递增的尝试。你需要一个有明确时间线的正式流程，这样大家可以在充满信任感的环境里分享想法、展现热情和表达兴趣。这种环境让公司既可以长期受益也可以短期受益，而且让每个人都得到如同自己在创业一般的奖励。第 2 章会讲到即刻创新能建立一种可以吸纳公司内部创意和人才的渠道，然后公司可以对这些人才进行培训，并开发这些创意，直到培养出能够实现创意的内部初创团队。这些有创新精神且精力充沛的团队了解公司，但并不会被公司的条条框框限制住，而且还会被授权去突破限制，以促进组织的成长。即刻创新让企业的成长成为可能，是一个自下而上的吸引、培养、激发并留住公司最有价值员工的途径。

反转型组织：鼓励你的创新者

如果企业想成为未来流体经济的一分子，他们必须在其他方面也以创新者的需求为导向，并且为培养创新者创造合适的条件，以取得成功。你在读第 3 章时会发现，权力下放的“反转型组织”非常关键，因为我们发现企业对员工的控制总是带有明显或隐藏的威胁意味。这种控制的结果最轻会导致员工脱离企业，最重会让大家因为某个高级别的人而积极地去执行一个糟糕的想法，而不是因为某个最优秀的人苦苦思考了这个问题。为了达成目标，高管们需要欣然接受以人为中心的企业带来的好处，他们必须通过将权力下放或者让组织的某些部门不再遵循等级制来创造一个关注一线员工需求的组织。

让列车加速的思维模式

人才公式通过帮助员工增长内在价值，或是培养员工对外的热情和兴趣来让他们实现自我价值。只有具备关注如何让列车加速，而不是如何挤进头等舱的思维模式，企业才能在流体经济中取得胜利，因为你将得到一个可以促进创新和成长的更有力的“引擎”。本书将在第 4 章和第 5 章中详细讲到，在这种环境下你会欣然接受信任和协作，也会同时庆祝成功和失败。对高级管理层从管理到放权的行为的重新设计也是必不可少的。使用“好，那么……”而非“不”的句式会对企业有所帮助。创造一种人际交往不受威胁，从而让大家能够审慎地冒险并成长的环境，其产生的劳动力更容易应对流体经济带来的挑战。在流体经济中，只要存在需要创造性地应对的急剧变化，就需要敢于冒险的领导者。他们能够欣然接受并理解风险，也能让其他人接受挑战。因为我们正在进入一个大部分日常工作及可自动化的流程都已是并将继续由机器完成的流体经济阶段，所以孩子般的创造天性，以及其他人类独有的能力，对于一个组织的创新能力来说，会起到越来越核心的作用。

“如何”企业文化

“如何”企业文化和做什么无关，而是如何把事情做成。在做成事情的过程中，你需要给大家一定的时间、一个让他们提出新想法的环境和一个执行流程。优化想法先要选择一个想法，并允许大家以其为基础继续深挖。在第 5 章中，本书会讨论这种“如何”企业文化是什么，这种文化的定制化，以及那些创造吸引人的文化的方法需要的工具。我们承认做出文化层面的改变很难，而且我们建议，如果你目前的企业文化根植于不好的行为，那你在尝试发展自己的“如何”企业文化前首先需要瓦解现有的文化。我们提出了一些对构建新文化有帮助的正式机制，但我们承认，企业领导者的个人领导品质一直是文化转变是否有效果的决定因素。

只需要一个榜样

人们回应其他人的方式很独特。有时候，为了让你的组织上升到新高度，你需要做的其实很简单——树立一个榜样。在等级制组织里，特立独行的人经常为了遵守规则和获取成功付出很多代价，但这些人正是你的组织想要解决新奇或有创造性的问题时最需要的。在第 6 章中，我们会谈到这些榜样的影响，并建议你要突出这些榜样的成就，而不是抑制他们。

对个体的意义

在流体经济中，一线工作者包括可以驱动创新的知识工作者。在这种环境里，一线工作者需要拥有可以自主创新的自由，即使这些创新会影响公司进步的进程。这就需要高度的个人责任感和为组织的成功做出奉献的精神，同时，这也需要一线工作者有足够的能力，不会让组织失望。在员工的培养过程中，对他们做出的开创性或节约成本的工作进行奖励至关重要，这不仅是因为他们受金钱驱动，也因为如果你拒绝与他们分享优秀工作的奖励，你其实是在贬低他们的价值。在第 7 章中，我们会探讨为了让你的组织长久地发展和繁荣，对组织内部人员谨慎培养的重要性。

请求的艺术

人类是社交动物，为了培养一种创新文化，人们需要与其他人建立联系并把彼此的想法作为互相了解的基础。人们需要共同参与对解决问题、机会空间和待满足的需求的反思，个人需要贡献自己的想法、感受和愿望，这样结果才会大于每个部分的总和。只有一群人共同参与某种文化，我们才能以最快的速度进行创新。在第 8 章中，我们会讨论合作的艺术，以及了解你的诉求（你需要什么来产生一个好想法并实现它）和你的产出（你能为可能需要你的支持或专业的人提供什么）。

你能“跳出盒子”想问题吗?

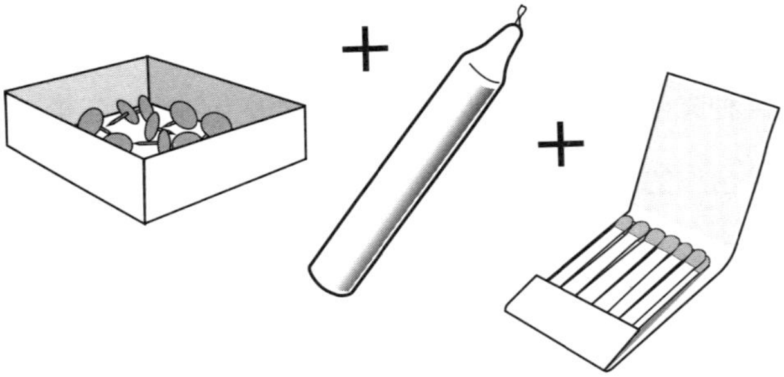

图 2a　实验提供了一盒火柴、一盒图钉、一支蜡烛，要求把蜡烛固定在软木板上

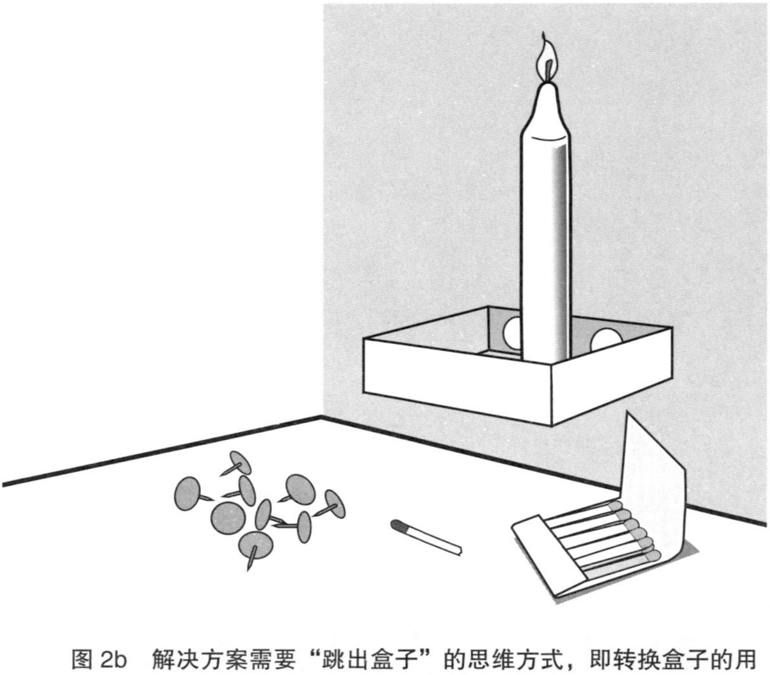

图 2b　解决方案需要“跳出盒子”的思维方式，即转换盒子的用途，让其变成烛台

第一章

创新的心理学

关于创造性洞察力概念的经典实验就是蜡烛问题（见图 2a 和 2b）。格式塔心理学家卡尔·邓克尔于 1926 年在他的硕士论文中提出这个实验。他去世 20 年后，论文才被发表。实验涉及一盒图钉，一支蜡烛和一盒火柴，实验对象被告知只能用提供给他们的物品将蜡烛固定在软木板上。一些实验对象采用了非常典型的方式，尝试着用图钉把蜡烛钉在软木板上，而其他人非常有创意地熔了一些蜡，然后试着用蜡液把蜡烛固定在软木板上。但是，这些方法都没成功。真正成功的方法是意识到装图钉的盒子也可以用来装蜡烛。用这样的方法，盒子被图钉钉到软木板上，蜡烛就可以立在盒子里。

蜡烛问题是一个非常好的创造性洞察力实验，因为为了解决这个问题，人们必须颠覆他们对于盒子用途的先入为主的观念。这也是为什么 90 多年里，它一直是用来测试创新能力的基准测试，而且依然受到热烈的讨论。

这个实验的有趣之处在于它能告诉我们思维在不同的刺激下是如何运作的。典型的现代管理或泰勒制管理方法的经典结论是：为了更快地完成工作，人们应该为任务增加物质上的刺激和鼓励。所以，如果你增加了小额的金钱上的奖励，以求蜡烛问题更快得到解决，会发生什么？

1962年，心理学家萨姆·格拉克斯伯格做了这个实验。为了创造基线时间，一组实验对象被给予了小额的金钱奖励，用来奖给更快解决蜡烛问题的人；而另一组则是被要求尽可能快地解决蜡烛问题，没有奖励。令人惊讶的是，有奖金激励的小组比没有的小组完成得更慢。

有很多证据可以表明，对于简单明确的任务来说，奖励是有用的，至少短期来说是。在管理实践中，奖励的应用非常广泛，最初它是为批量生产的工厂或其他泰勒制工作场所中重要的工作任务而设计的。尽管如此，当需要创造力或横向思维时，奖励不仅没用，反而会降低生产力。这个结论得到了大量科学文献的支持，自格拉克斯伯格1962年的论文一直到今天的著作，研究仍在继续。奖励会引发压力、关注甚至是恐惧。奖励在任务已知的情况下是非常有益的，但当任务未知时，奖励只会适得其反。我们非常支持在创新过程中有经济和股权奖励，但我们想强调的是：

压力也许能使你的工作速度加快，但也能遏止高阶思维；专注对于排除干扰是非常有帮助的，但它也能扼杀横向思维，这也是我们下一节要讨论的。当我们把这些影响放到真实的、可观察的企业环境里时，我们看到位于等级制高层的人常常利用压力和恐惧让员工有所行动；然而，这种行动也许并不是在要求用横向思维解决企业可能面对的问题时所需要的。

这教会了我们，直觉上认为正确的事，比如用丰厚的奖励和严厉的惩罚建立等级制的、以物质奖励为刺激的系统在工业经济里是有良好效果的，但如果把这些概念移植到创造力至关重要的流体经济中，你会把自己引向失败。如果我们想让组织富有创造力，且能够应对流体经济的挑战，那么典型的使用“胡萝卜加大棒”短期刺激方式的等级制组织架构是不会成功的。

董事会会议室里的“炮塔射手”

几年前，我们在东海岸一家上市公司总部顶层的一间非常豪华的董事会会议室参加了一场高管会议。我们不会曝光这家公司和那次会议的具体细节。不过，谁是老大显而易见，因为这场会议与我们在硅谷参加过的会议截然不同。我们问自己，是因为气势汹汹的主管的坐姿或是位置吗？是因为会议室里所有人都把座椅朝向他吗？也许是因为除了所有人都对他非常谦恭的事实和他占用的时间最长之外，会议室里其他人都非常拘谨，而那个特别的人在发号施令；也许是因为在那个人停顿的时候，所有人都在等待；或者是那个人转他那张舒服的转椅的方式，他曾坐在那张转椅里向有备而来和准备不足的人连环发问。我们把这种高管称作“炮塔射手”，他有一位等级制领导者的全部特点。

在我们坐着观察的过程中，尽管仍然有些不适应这位“炮塔射手”对待下属的方式，但我们意识到房间里有几个人每周会和他共事好几个小时，他们也知道什么行为可能会招致负面的反馈，什么行为不会，但那天做报告的人并不是其中之一。这个报告是一个新计划的综述，“炮塔射手”转着椅子，向报告人快速发问，问题中带有隐含或明显的威胁。明显的威胁可能像“如果你不……我就炒了你”这么直接，隐含的威胁可能像“……的重要性在哪”一样微妙。报告人在过去的一年中密切跟进着这个项目，知道整个项目运作的每一个细节，但是却不知道为何无法给出答案。对于报告人来说，那些有关项目的重要细节的记忆，在那种环境下，无法被唤起。

报告人继续讲着，却无法记起对于当时正待做出的决定至关重要的信息。他的语言措辞并不连贯，而高管们特别是“炮塔射手”看起来更加确信他们的观点了：他们当上高管，而这个报告人是下级是有原因的。报告人似乎承诺了不少他绝对不可能做到的事，而且这种极端的情况发生了不止一次，他承诺了一些他自己都知道不可能实现的目标。最终，会议室里的人做了一系列关于项目的决定，但这些决定并不能更好地推动项目，因为最重要的信息并没有被讨论到。

到底发生了什么事？长篇大论的报告人并未处于最佳的思考状态，是因为“杏仁核劫持”。杏仁核是大脑里参与情绪和情感的调控、记忆和学习，以及联合注意等功能的灰质核团。在杏仁核感受到威胁的情况下，大脑中这极小的部位会激发情绪反应，比理性思考或者说大脑能做出反应的时间快几毫秒。这时，杏仁核会越过或控制更高级的大脑思考，并触发一个即时的行动导向的反应。杏仁核的存在意义是让我们在危险的情况下幸免于难，所以这种反应可能会非常强烈且无意识。但是，我们接触最多的办公室环境早就摆脱会触发战斗或逃跑反应的野蛮环境了。这意味着在原始人类身上，解除生存威胁的即时反应是必需的，但在现代办公室环境里，这些反应可能并没有帮助，甚至是荒唐的。

正是因为能产生这种即时的行动导向的反应，杏仁核制造的这种反应有着非常危险的诱导性。愤怒加吼叫的管理技巧能有效正是基于这个事实。

戴维曾在桑德赫斯特英国皇家军官学校（英国培养军官的名牌院校）学习过。在那里，教师真的会教授清楚、大声地发出特定指令的技能。“做，不然你就被开除”的信息，不管是被清晰地还是含蓄地传达出来，在引发反应行为上都是有效但危险的。利用这一点的管理者们甚至可能会从中得到一种满足感，因为他们能够通过这种方式促使人们采取行动。但是，问题依然存在：这种方式引发了什么行动？如果引发的行动绕过了具有做决定的机能的大脑，那么对于现代以人为中心的企业来说，这会是一场灾难。如果我们需要员工去思考问题，而不是只干体力活，那么我们必须努力创造一种即使我们不使用这种有诱导性的管理技巧也依然能有效管理的工作环境。

从本质上说，等级制组织就是这样设计的。在一个典型的等级制组织里，行动取决于谁是高层，而不是谁有最好的想法。通常，高层可以开除或至少是负面地影响下属的事业。当解雇的大部分负面后果可以由管理者控制时，超过某一等级的升职就常常不受直接领导控制了。就这一点而言，传统的等级制是以恐惧为基础的系统。管理者可以开除人，却常常无法把人提拔到超过某一等级的位置。这种组织的设计是为了让一大批人完成一堆的事情。

请回想蜡烛问题，实验对象被给予了刺激，刺激会制造压力——杏仁核劫持。这种反应制止了大脑的运转，而大脑运转是更快解决问题所必需的。从本质上来说，等级制组织设计者的初衷就是通过这种方式让人采取行动，但他们这样做是以牺牲创造性思维为代价的。所以，那个“炮塔射手”倒霉的受害者和蜡烛问题里的实验对象一样，都变慢了。

我们必须创造一个以人为中心的组织，这种组织提倡警觉并远离等级制组织惯用的以威胁为导向的行动方针。最起码，以人为中心的组织需要创造一种让人感觉到安全并乐意分享想法的环境。不仅如此，员工们需要足够的安全感，才会有想法。

心理安全和它对你的组织的意义

心理安全的概念已经被广泛研究。其基本概念的核心是：人们相信他们的行为可以避免自己所受的负面影响的程度。这些负面影响常常是非常微妙的，比如来自上级的不屑评价。心理安全与回避个人责任是截然不同的，理解这一点非常重要。简单地说，心理安全就是员工真诚地尝试做一些正确的事，哪怕这些尝试被证明是错的，也不会受到惩罚。

通过调查，心理安全的等级是有可能被测量的，高度心理安全与以下几点相关：

- 更快的学习速度
- 更高效的创造力
- 更少的错误
- 更出色的团队绩效

这些研究有时候会揭示令人惊讶的结果。例如，当犯了错误会在人际关系的层面上受到惩罚时，这种团队环境的心理安全程度会很低，事实上，这会导致更多的错误。在所犯的错误非常严重的时候，这种现象也会出现。为什么？如果你因为直言被惩罚，情感上你不太可能会再这样做了，即使逻辑上你应该这样做。在本章的后半部分，我们会讨论护士在这种环境下是如何不上报用药错误的。

冒险文化

硅谷经常被看作冒险文化的代表。从很多方面来讲，也许把硅谷的文化描述为“允许试错的文化”或者“有高度心理安全的文化”更为准确。据说，在硅谷，之所以所有办公大楼都是两层高而且绿茵环绕，是因为当有人想要从顶楼跳下的时候，他只会扭伤脚踝，然后起身回家再写一份商业计划。通常，创业失败几次在硅谷是被乐观看待的，这也是硅谷有高度心理安全的环境的一种体现。的确，这里有些人天生就是大胆的冒险者，冒险天性就在他们的基因中，他们来到这里也是因为这种环境能让他们快速成长。

大部分人都不是首先倾向于心理安全状态的。在自然环境中，人可能会在远距离之外看某个东西，而且看得并不清晰。它可能是遍布美味莓果的灌木，也可能是危险的野兽。你可能会试图决定是否要继续探究它。乐观的心理评估也许会带给你一份不错的小吃，但也有可能将你引向死亡。消极的心理评估至少可以保证你能再多活一天去搜寻粮食。就这一点而言，人们首先倾向于对威胁的心理觉醒，而产生这种觉醒并不需要太多条件。人类并不倾向于走出舒适区，或是去做有风险的事，而是普遍地喜欢有规律可循的日常生活。

但是，幸运的是，我们还能做一些事情去逆转这些趋势，让更具心理安全成为可能，并减少以威胁为导向的思维模式，激发更多的创新思维模式。

以人为中心的环境

以人为中心的工作环境的设计初衷是满足工作者的需求，而不是高层人员的需求，其目标是创造一个内在动力优先的环境。所以，如我们在这章所讲的，以及在第 5 章会继续讨论到的，尽管物质奖励很重要，但如果错误地应用物质奖励，会适得其反。如果我们对创造一个以人为中心的环境感兴趣，我们需要考虑以下两个因素：实体环境、思维模式及其流程。

实体环境

如果可以，请放慢脚步，然后想象一个让你感觉快乐、安全、可靠、放松的地方，可以在海边或者山里，可以是熟悉的地方也可以是陌生的地方。环视一下周围，观察你能看到的东西，跟随你的双眼去感受你身边的美景，想象你正听着在那里可能听到的声音。在你读这些文字的同时，想象你伸出了手，触摸你周围的事物，并抚摸它们的材质。那也许是海滩温暖的沙粒，或是田野里的草，或是水，或是石头，可以是任何让你快乐的东西。在你想象里的这个地方，它是一个度假场所，还是一个工作场所？

当人们去度假时，他们通常会选择一个美丽的地方减压、放松，或做任何能让他更有效、更清楚地思考的事。我们很多人会选择去没有他人威胁、不会被要求反而可以自由提出自己要求的地方。对于和我们一样从事创作的人来说，退避到这种地方常常让我们更高产，更能激发我们的创造性思维，就像我们的大脑在全速运转一样。

但如果你的工作场所也和你想象中的度假之地一样呢？我们大部分人都在以灰色直角墙面为特点的环境里工作，但并不是所有的工作环境都是这样的。硅谷的办公场所和很多大城市里高楼中的格子间相去甚远，有一些甚至和度假村很相似。全世界和谷歌、脸书、皮克斯一样的公司为在工作场所复制这种度假般的工作环境做出了杰出的贡献。

思维模式及其流程

以人为中心的组织的基础思维模式是心理安全的一种。心理安全并不意味着缺少担当，而是意味着真诚的尝试会被奖励，而非被惩罚。人们在某些方面是普遍容易受到伤害或缺乏保护的。具体来说，在以下几方面，奖励的思维模式非常重要：

- 寻求反馈
- 求助
- 创新
- 跨界
- 直言忧虑和提供反馈

寻求反馈是人们试图寻求对自己表现的反馈从而进一步提升表现的过程。它往往会让你受到伤害，因为你在非常明确地寻找你可能做错并且需要改进的事。寻求反馈可能会打击自我意识，但为了进步成一个更有效率的人，这是必不可少的。对于想要看到员工提高效率的组织来说，这也是需要被鼓励的。

求助表示在外部寻求协助，这常常间接或直接表明了你承认你无法独立完成任务。尽管这是一种脆弱的反应，但如果员工不主动地采取求助行为，企业很少会找到最好的工作人选。当人们有了暴露某种弱点会导致负面影响的意识后，人们就会停止求助，组织也会受到损害。

创新是指你尝试新事物的过程。这经常充满困难，因为你完全不确定这个全新的想法是否真的能成功——如果可以确定，就不叫创新了。这让创新变成了一件非常危险的事情。创新常常需要非常昂贵的代价，如果你真的是在创新，有时候可能注定会以失败告终。通常来说，很难确定地将某个创意定性为好想法，因为没有任何数据可以作为支持。如果你在创新，那你就失去保护了。当意识到暴露某种弱点会导致负面影响后，人们就会停止创新，这对公司长期的良性发展来说是灾难性的。在流体经济里，创新会是所有公司的命脉，也是成长的先决条件。

跨界是解决复杂企业问题时所需的跨职能交际。比如，你的小组成员并没有某种专业技能，也许他们已经绞尽了脑汁却无济于事，这正是为什么你需要尽可能把来自不同背景的专家召集在一起的原因。在这种交际中，你会推动人才跨越典型的“组织筒仓”去工作，这对解决复杂的或需要额外创造力的问题是非常重要的。在以人为中心的企业里，要想让最好的头脑来解决复杂的、多维的问题，跨界至关重要。同时，最佳的创造力也常常是通过跨界得到的。但是，跨界经常会牵扯到“脆弱性”。从定义来说，你在跨职能交际中共事的人一定是你不那么了解的人，而向不熟悉的人求助不是件容易的事情，甚至经常是不可能的。除非以这样一种思维模式来思考：从任何角度来看，跨界都比向你的“筒仓”里的人求助更可取，不然就会限制你创造性解决问题的机会。在以人为中心的组织中，跨界不仅仅是理想的，更是受欢迎的。

直言忧虑和提供反馈有时是可以救命的。医疗环境中充满了出现致命错误的可能性。如果这种环境没有以人为中心，过失率就会上升。一项对护士的研究表明，心理安全程度较高的医疗团队失误更少。为什么？在这种团队里，护士们觉得可以向更高级别的工作人员提出潜在的医疗失误。而在等级制的团队里，这一点恰恰相反——直言可能会引来高级别工作人员的轻视和负面评价，这样导致的结果就是护士不愿意指出潜在的医疗失误，除非她们确认这些失误一定会发生。这不仅仅会导致某个护士提出的可能挽救一条生命的建议被听到却被无视，不久后，可能根本就不会再有这些建议了。

人才公式配方

达到心理安全

哪些事情可以使心理安全成为可能？根据现代研究成果，已知有 5 种因素可以增强心理安全：

- 实地练习的运用
- 团队领导者行为
- 有计划的群体动力学
- 信任和尊重
- 支持性的组织环境

实地练习的运用。亚历克斯·霍诺尔德是公认的世界上最有天赋的无保护攀岩者，他最有名的是长时间、高难度的不用绳索徒手攀岩技能。对大多数人来说，用手指尖把自己挂在 500 英尺[①]高的悬崖上是非常可怕的。但亚历克斯这样形容："你感到害怕的

① 1 英尺 =0.3048 米。——编者注

时候就变成了‘负螺旋’。”[①] 他在2015年的一次访问中提道：“一旦你失去了控制，你就会惊慌失措，然后你就会颤抖，再然后你才应该害怕，因为你不会再爬了，你会犯错，而这个错误的成本是很高的。最关键的是不要有那些想法，只管爬就行了。”

很明显，亚历克斯在原本非常可怕的情况下找到了一个可以控制恐惧的方法。在他开始重视室外攀岩之前，他几乎只在室内练习了8年的攀岩。现在，在他进行让他名声大噪的无保护攀岩前，他会带着绳子专门熟悉攀岩路线。简言之，亚历克斯找到了反复熟悉路线的方法，这样，当他进行无保护攀岩时，他就可以没有任何恐惧了。

实地练习的运用在商业和攀岩上一样有效，实地练习其实是创造一种没有风险的环境，在这个环境里，对某个活动反复练习以最终达到高度心理安全，并凭此完成这个活动。航空公司飞行员使用模拟器，军队会举行军事演练，即使是麦肯锡公司也会采用实地练习——所有咨询师都会定期在培训中演练发掘客户时可能发生的情况。实地练习可以让你在精神上适应你将要遇到的情境，并减少恐惧反应。正如我们讨论过的，这种恐惧反应会越过

① 负螺旋是指当一个人已经没有信心和动力的时候，你再给予压力，就像在反向拧螺丝，只会越来越失败。——译者注

高级大脑功能，导致灾难。

团队领导者行为。众所周知，团队领导者的行为会奠定整个组织的基调，于心理安全来说也一样。团队领导者可以为其他人树立一个安全的榜样，因此也常常是影响团队行为的非常重要的杠杆。研究表明，当团队领导者用可以代表心理安全的行为做出示范后，剩下的团队成员会效仿。团队领导者对于犯下无心之过的人鄙视与否和鄙视程度的高低、团队领导者对“错误是无法避免的”的讨论程度和对“真正需要的是对错误的公开讨论”的认识、团队领导者对他们自己的错误和弱点的讨论程度，都会影响团队成员体验到的心理安全。此外，团队领导者也能了解到团队成员工作和生活的动态，可以相应地安排实地练习，使团队成员参与其他已知的可以提高心理安全的实践中去。

有计划的群体动力学。你是否曾在某一个人充当“小丑”角色而且一直被取笑某件事的团队里工作过？也许你已经和这样一个时常在小组讨论时做出负面、挑剔评论的人共事过了。人们倾向于在组织环境里承担一些角色，而这些角色也许与他们在工作之外的角色非常不同。通常，这些角色是生活化的，并且取决于团队成员如何互动。群体动力学是有感染性的，它可能建立信任也可能破坏信任。使群体动力学正式化或是讨论群体动力学是一种确保有益于建立高度心理安全的动力存在的方式。戴维曾在麦肯锡公司工作了很多年。在麦肯锡公司，每一个新客户项目都会配一支新团队。在一个新项目的初期，团队成员会一同坐下来，清晰地讨论所有团队成员的工作风格，这样所有人都能接纳差异，避免不必要的批评。同时，将某些特定的互动标准化也能帮助团队创造正确的动力学。

在军队里，互动是高度标准化的。军官给他的部下下命令的方式是严格按照规定做的。军官们用来开发和设计指令的思考方式遵循了一种所有军官都能理解的标准方法。在战斗单位中，每个人的角色都是标准化且已知的。这样做的结果就是当你把一位军官调到新部队后，他或她依然可以用标准化且所有人都懂的方式下达命令，即使他们以前并没有共事过。

信任和尊重。很多组织也有类似的标准化解决问题的方法，例如日本的丰田汽车公司。当组织内部的人能够互相理解时，他们可以避免不必要的批评并有效地合作。《丰田行为准则》是一份相对不长的18页文档，里面描述了对每个员工的要求。在这个文档中，丰田汽车公司使用“信任”这个词的次数不少于20次，而且每次使用都有充分的理由。“相互信任和相互负责”是丰田汽车公司认为对公司长期成功非常重要的一个核心价值。通过重复的积极的互动而产生的真诚的信任、会把他人利益放在心上的可靠的员工，能够让你觉得同每个个体或整个组织打交道是非常有安全感的。每个人都不断努力去建立信任是必要的，一旦这种信任被建立起来，不可思议的事情就会发生。

从外部视角来看，丰田汽车公司似乎是等级制公司，但从内部视角来看，这家公司在很多方面体现了对一线员工的放权。在工厂，生产线上的工人在触手可及的距离内有一根绳，他们可以通过拉这根绳子来叫停生产，直到他们发现的问题被解决为止。丰田汽车公司颠覆了等级制。正常来说，应该是工厂主管才有权力调动工厂内的所有资源去解决他认为重要的问题。在丰田汽车公司，是一线的工人决定停下工厂的工作，直到他/她发现的问题得到处理。这样做的结果是问题能够很快得到解决——大部分绳子被拉住几秒钟后就被放开了。这种模式既需要信任，也能产生超乎寻常的信任。一线员工受到“可以强调重要质量问题”的信任，主管们也受到“解决这些问题”的信任。丰田汽车公司不仅是世界上最大的汽车公司之一，以某些衡量标准来看，它也是最赚钱的汽车公司。在丰田汽车公司参与的细分汽车市场竞争中，丰田汽车公司的毛利都是最高的，而且，他们的人员变动率在任何招聘地区都是最低的。在某种程度上，培养互相信任和尊重的态度的环境本质上就是能够让心理安全得以发展的环境。

当所有人都忙着建立信任时，就奠定了一个基调——不需要因为表现不尽如人意、马后炮或参与其他可能损害心理安全的活动而攻击谁。心理安全允许对个体的尊重——无论他们的需求或怪癖是什么，他们都有价值，都应该得到相应的待遇。当企业有了对个体的信任和尊重时，这两者会是一对自我强化的可以使心理安全成为可能并促进未来商业成功的搭配。

支持性的组织环境。戴维身高有6尺9寸[①]，他仍能记起在军队里做下级军官的时候，“他们根本找不到我这个尺码的制服，我都上报到旅长了，还是没有令人满意的回应”。

戴维试着搜寻了工具装备商店，但事实证明也是徒劳的，他浪费了好几个月的时间。他回忆了他当时的感受：“好吧，如果他们在我还在军事基地工作的时候都给不了我一点布料，那如果我在战场的时候需要其他装备，如何指望他们能给我找到呢？”

组织在微观层面的失败会导致成员产生一种也许当他急切需要帮助的时候，组织无法帮助他的感觉。组织能否帮助个体的概念和心理安全的概念是紧密结合的。毕竟如果你觉得组织无法提

① 6尺9寸约为2.3米。——译者注

供给你让你感到可靠的东西，你很难有安全感。就此而言，心理安全与组织供养每个个体的能力密切相关。

当今人类与祖先所面临的处处都是危险的环境只有一箭之遥。人类进化了一种能力，可以马上辨别危险并停止所有对处理危险无用的大脑功能。这种适应能力对在野外生存的人类来说关乎生死，但是在以知识为驱动力的流体经济中，这种适应能力是有问题的，因为它会关闭得出创造性解决方案所需的那部分大脑功能。以人为中心的企业可以创造一种高度心理安全的环境，从而使在其中工作的人能够为创建一个更令人满意的、成功的组织投入全部的智力。

你有实现创新的方法吗?

十二步即刻创新法

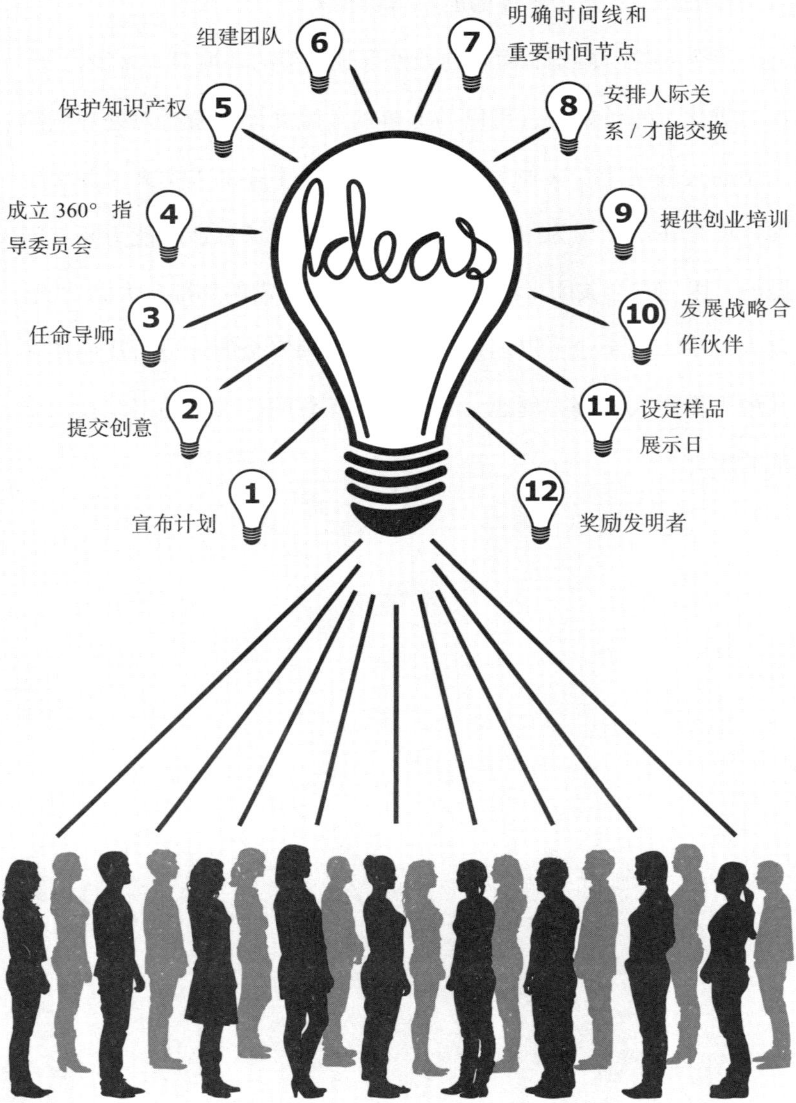

第二章

十二步即刻创新法

英国广播公司（BBC）前首席创意总监帕特·杨，曾尝试寻找为节目创造更多创意的方法，以求节目可以更好地超越英国几代人之间的差异来联结他们。英国广播公司已经沿用相同的运营方法 80 年了，但是因为技术的进步和社交媒体的出现，观众行为开始颠覆英国广播公司的认知。“我们正在快速退步，必须想出办法重新与我们的观众相连，坦白地说，还有如何与我们的员工相连。”杨在发给黛博拉的邮件中写道。

在英国广播公司周围，你在空气中都能感受到被削弱的员工士气，这很大程度上是因为英国广播公司向来有名的自制节目的能力受到了威胁。通过政府的授权，英国广播公司内部制作团队通常能确保制作英国广播公司 50% 的节目，剩下节目当中的 25% 的制作团队通过外部独立制作人之间的比赛选出，而另 25% 则取决于英国广播公司内部制作团队和外部独立制作人之间的创意比拼。久而久之，独立制作人开始赢得大部分比赛，现在独立制作人甚至要求英国广播公司内部有保障的节目数量应该减少或者干脆废除这一规定。在杨看来，这样做对于英国广播公司是一个巨大的战略损失，不论从裁员的角度，还是从英国广播公司要制作拥有自己的知识产权的内容的角度来说。

杨请他在位于硅谷的企业发展集团（Enterprise Development Group）的朋友们帮忙找个解决方案。他们共同规划了一个扩张型、多样化节目发展渠道的刺激战略。杨为了收集新鲜创意，提出了一个众包的方法，叫作我创（iCreate）——来自每个地方每个人的创意。其目标是在产生和更迭创意的过程中，通过让参与其中的人数最大化来影响内部工作室的规模。这个平台作为重要的提升员工参与度的平台被推出，全国参与进来的员工有上千名，这使得 iCreate 进入了关键业务需求和数字化颠覆的语境中。

克里斯·麦克麦力是英国广播公司的一名健康安全主任，他的正职是确保办公室和现场拍摄的工作人员在合法安全的环境下工作。他提交了一个名为《妈妈先生》的节目。这个节目的想法是某天麦克麦力在骑自行车的时候突然想到的。这是一个关于一位带着两个孩子却没有家庭生活技能的单身父亲的节目创意。现在，他看到了机会，他可以把这个创意提交到 iCreate 上。其他英国广播公司的工作人员通过点赞和评论的方式认真考量了《妈妈先生》的可行性，不过，麦克麦力的节目还需要一些精心的构思和喜剧效果。安妮·麦克诺特，一位在300英里之外的苏格兰的英国广播公司实习制作人建议麦克麦力看一下她最近读过的一本书，叫作《如何让事情变得容易：男性熨烫指南》。之后，英国广播公司喜剧部门也参与进来，他们看到了把麦克麦力的故事世界和麦克诺特建议的男性伪科学结合在一起的喜剧潜能。他们邀请了克里斯和安妮，并把他们介绍给了一位喜剧制作人和作家，他们一起编写了一个剧本。

在来自布里斯托尔的英国广播公司实习编辑马特·沃克和来自米尔班克政治部门的尼尔·丘吉尔分别提出了一个关于实现愿望类的节目创意后，iCreate诞生了一部名为《做我的梦》的广播电影。“在英国广播公司的iCreate出现之前，对于那些不在电视制作行业的人来说，他们的创意是无处可用的。”丘吉尔说，“英国广播公司的iCreate帮助我把创意变得更具体、更有方向，也给了我无限的满足感，因为我现在知道我可以在本职工作之外向英国广播公司贡献我的创意。”根据英国广播公司内部的一份档案记载，沃克曾补充说，他感觉他们为“让有创意的人遇到能使创意成真的人”尽了一份力。

在iCreate运行的6个月里，平台有超过1 900个活跃用户，他们任何人都可以根据某一特定的主题提交或公开征集创意。用户可以改进节目创意，而且，依英国广播公司制作中心创新组的主管阿丽莎·奥尔所言：“iCreate 证明英国广播公司内部是有创造力的，只是等着我们去发现。”曾有一名女性员工在一场员工大会结束时哭了出来，当被问到发生什么事时，她说：“我在这已经工作了 25 年，从来没有人问过我的创意，从来没有。”

iCreate 为英国广播公司做了什么？这包括：

- 一个整个公司所有人都可以参与的创意系统
- 一个培养、孵化新想法的流程
- 标准化制订蓝图的方法
- 公司内部通常不会有交集或互动的独立部门中的工作人员之间的协作

iCreate 之所以如此成功，是因为这个过程允许公司任何部门的任何人加入创意平台，将整个过程和每个人可以为组织创造的价值全员化了。

即刻创新

在黛博拉《风险因素》一书中，她介绍了一种新的创新方法论，本书非常赞成她的观点，所以在本章重提这个观点，并用它来强调达成“人才公式”所需的步骤。即刻创新可以为经常思考如下问题的高管们解决问题：“我的员工知道什么是对我们的生意有价值的吗？”“我怎样能鼓励他们给我提供最棒的想法，而且我怎样可以最有效率地检验并实现这些想法？”

即刻创新向领导者展示了如何建立一个鼓励、刺激、培养、启发、检验和实现好想法的系统，以及这些想法是否可以改善公司的产品和服务，或者是否是降低基础设施成本的措施。

从员工的角度来说，即使他们有好主意，他们知道应该怎么做吗？他们应该去找谁？是否已经有一个“创意系统”就位？如果创新文化是不存在的，或整个组织内部缺乏信任，员工会冒险与可能会毁掉这个潜在好主意的主管分享他们的想法吗？或者，也许会更糟，明白这个想法价值的主管会不会把功劳据为己有？组织是否为那些想要分享想法的人提供了动力？这些都是通过实施以下将详细讲解的即刻创新法可以解决的问题。而应用即刻创新的结果就是组织能够可持续并显著地增加收入，同时留住、鼓励并激发最有价值的员工。

即刻创新背后的方法对任何组织都有效，因为这是一个在公司现有资产的基础上仍然可行且可操作的方法，它可以带动小量、稳步的增长，同时也能增加产生重大突破的可能性。这种方法的重点在于加速可以使公司进步的想法，并创造一种不会触碰到底线的快速且可以自动调整的文化。因为这种创新鼓励创业者精神（甚至是“内部创业者精神”）和在追求创新方面进行尝试的自由，所以有可能阻止公司最杰出的人才跳槽。如果一个公司能为创业者类型的员工留出空间，让他们接触大公司的资源和好处，那么有可能公司的人员流失会减少，公司也能做好发展成长的准备。

应对无意识偏见

在“人才公式”的语境里，即刻创新有解决无意识偏见的可能性，原因在于：作为人类，我们没办法不做评价。从某个人走进房间的那一刻起，我们会估量他能干什么和不能干什么。根据他的年龄、经验丰富程度、教育背景、性别、工作经历、口音、薪水等等，我们会决定他的能力和价值。但事实上，我们需要看穿外表和纸上的记录，彻底地了解每个人能够提供的广泛的才能，包括他们在工作和生活中是什么样的。

在即刻创新法中我们提倡的是初期对任意想法的匿名提交。例如，一个审查小组会决定创新过程中哪些想法可以继续发展，但最初连这个小组都不知道想法提出者是谁。通过匿名提交创意，我们一次又一次地发现，主管们并不了解员工的众多才能。他们认为这一过程“令人困惑”或者“令人惊喜又意外”。有些人说：“我完全不知道这个人对产品设计感兴趣，也不了解他向已有的想法中注入的创造力。”

让你的员工做他们最真实的自己，他们就可以自由地提出远超过他们每天所做的事情的想法，你会更加了解他们全面的、意料之外的才能，也会学习到如何驾驭他们。你可能会发现，有时候最出色的创意往往来自你绝对想不到的人。

接纳你的古怪员工

从定义上来说，创造力是“创造新事物或得出新想法的能力”。创造力一定来自那些对世界有不同看法的人，不然，他们的想法一定已经被提出过了，也就不会有任何新意和创造性了。考虑到他们的想法与众不同，这些人很可能很难遵循我们的社会准则，换句话来说，他们可能很古怪。

如果我们珍惜创造力，为什么还要扼杀最有创意、最有创业者精神的那些人呢？通常来说，“怪人们”总是格格不入。也许他们并没有正确的商业嗅觉或合适的商业背景；也许他们在高尔夫球场或办公室里看起来很窘迫；也许他们喜欢站着，不喜欢坐着，或者总是走来走去。著名的科幻作家和评论家艾萨克·阿西莫夫承认孤立、与众不同和难堪的行为对他的创作来说是必不可少的，他说：“我觉得只要涉及创造力，孤立是必要的。有创造力的人在任何情况下都在不停地创造。他的大脑一直在把所有的信息重新洗牌，即使他并没有意识到这一点……其他人的存在只会阻止这个过程，因为创造本身就很尴尬。”

我在硅谷的一位同事向我描述了一个案例。他要为一个项目招聘一个程序员，应聘者是一个极其古怪的人，他无法直视项目组长的眼睛，而且大部分时间都在专心地盯着他的鞋看。这个简短的面试，虽说不怎么样，但说明了这位应聘者并不知道他面试时的举止给人留下的印象有多差。最后，应聘者详细地聊了他的电玩经验，而对工作话题的回应却非常简短。所以面试官决定交给他一个需要用到嵌入式计算的有难度的小项目。面试官知道应聘者不熟悉嵌入式计算机，但他问应聘者是否能设计一些他们一直很难搞定的可以在这种计算机上正常运作的应用代码。应聘者没有任何迟疑就坐了下来，插上了主板，此后双眼没有离开过显示器。12 个小时之后，他站了起来，并把主板交还给了面试官，说："搞定了。"

面试官把电脑拿到了发明这个应用程序的团队中的一名成员那里，这个人愤怒地说："我们已经尝试了一个月，都没有成功！"而应聘者只用了 12 个小时就搞定了。这件事的教训就是，不要评价某个个人 / 员工，而要评价他 / 她的成果。

如果你不接纳你那些古怪的员工，并看穿他们表面的缺点之下有什么，通常来说，你很难了解他们能带来的价值。通过接纳他们，我们有机会接触不同的想法、行为和创意，从而得到成长和创新。这种成长可能始于逐步的变化，一旦你建立了信任并拥有对现有价值的理解，在你还没意识到的时候，这些小变化可能会引起里程碑式的变化。

即刻创新方法论背后的五个要素

1. 全员化（让每个人都参与）构想平台，这样每个人可以随时提出好创意

发明者（创新者）目前是由他们所在的行业定义和判断的，而且限制了其他人的参与。举例来说，在制药工业，科学家就是发明者；在软件或软件即服务（software-as-a-service）行业，程序员团队是发明家；在时尚行业，设计师是发明家；等等。在世界创新之都硅谷，有一个被广泛采纳的看法——每个人都对公司的成败负责。如果其他公司也采用同样的思维模式，那会让创新过程有更高的参与度。即刻创新强大的与众不同之处在于，灵感可以来自公司每个部门的每一个人，不论他在公司扮演什么角色。但是，为了更有效地全员化构想平台，当有人分享想法时，应该有一种采纳标准和一种友好的环境，这样大家都能受到鼓励来推动他们的想法。

2. 采取一个正式的流程，它能让特定时间线的执行成为可能

发明者的想法需要依靠所有相关的人对要做什么和需要多久有清晰的认识，这样才能把创意从概念发展成雏形，甚至走得更远。一个正式的流程可以为实验、额外的人员支持、市场调查、金融投资和加速的执行留出时间。这个流程能够与所有人都知道且能让想法从构想无缝发展到执行的特定时间表衔接。如果一个公司能够采用技术“沙盒”组件（软件即服务或云端基础的）去监控、把关并促进协作试验，并应用合适的商业模式，这种流程会达到最好的效果。

3. 确保发明者在正确的时间接触到正确的人

一个非常好的想法需要一个支持者，这个人在组织里可以强调或指导这个想法，可以在正确的时间把它传递给正确的人，会搜寻潜在的可以支持这个想法并做出样品的业务部门。此外，发明者应该与他们所处的部门之外的同事开展人际交往，甚至是成为和这个创意最匹配的业务部门的一分子。例如，如果一个创意来自一名财务分析师（也是一名机器人学业余爱好者），但这个想法属于机器人系统部门的业务范围，那这个发明者应该找机会去那个部门建立人脉，并做一些临时工作。这样发明者就能更深入地了解这个部门是如何运作的，以及这个发明怎样能更好地发挥作用。

4. 奖励发明者

如果有人与你进行了一场豪赌，结果给公司带来了非常可观的收入增长或成本节约，组织的领导者需要承认发明者和他 / 她的团队，并奖励他们。发明者应该获得特别的认可，可以凭借他们发明的产品为人所知。并且，与公司创始人在企业之外持普通股相似，发明者应该拥有产品的股票和所有权。

5. 实现所有的想法，不管好与坏

当下不可行的想法也许在未来刚刚好。太阳马戏（加拿大的一家娱乐及表演公司）前主席和首席运营官琳恩·休厄德曾描述道，公司淘汰或没有采用过的一些节目概念和动作，有时候会在 20 年后发挥完美的作用。太阳马戏同样会登记世界上每个角落的独特才能，并把这个数据库作为未来表演的灵感来源。为了继续达成“不断激发想象、唤醒感官和牵动世界上所有人的情感”的目标，太阳马戏已经研发了一些使突破性创新成为可能的先进方法。

经授权引用自《风险因素》

人才公式配方

十二步即刻创新法

九个月，十二步

即刻创新是一个自下而上的流程，它很适合让公司每个部门的每一位员工都参与进来。我们在沃投咨询公司（Vorto Consulting）设计的流程是一个为期1年的9个月执行、3个月“休息”的十二步即刻创新法。但是，我们曾合作过的一些公司倾向于更快速的模型，也更倾向于半年期的创新流程。通过每年采用一个明确持续的时间线的方式，这种方法能够为打造一种创新文化传达出正确的信息，并让员工形成他们的想法何时、如何能被听到、被执行和被商品化的思维模式。就我们自己而言，我们喜欢在9月启动创新流程，因为这个时间可以与返校季衔接，也能让人们利用夏季停工期更深入地实施他们的想法。

即刻创新应该由一支小团队（最多5人）来带领，他们唯一的工作就是年复一年地监督这个过程。这个即刻创新小组提供专业技能并对员工进行培训，为了创造高度心理安全的环境而倾听员工的问题，与组织的其他部门连通，同时也为具有创业者精神的人在创造产品原型和有创业需求的时候提供帮助。这支团队可以安排在已有的部门里，比如人事部，或者独立出来。在美国高通公司的案例里，黛博拉有机会观摩了高通公司自下而上的创新流程（ImpaQt™）。高通公司在全世界有33 000多名员工，但是只有一个5人小组带领着整个公司的ImpaQt ™项目。这个小组的角色囊括了项目经理、技术主管、IT经理、市场商务合作经理，足以满足发明者的每一种需求。

第一阶段：构想

第一步：宣布计划

在开始这种项目之前，公司的高层必须坦率地评估公司目前的状况和社会发展的趋势，这也是管理层团队聚在一起，为决策行为承担责任，表明公司高层忠诚度的时候。即刻创新法会在整个公司被宣布，并邀请员工就相关特定交叉主题（最好是3—5个）进行讨论，这些主题覆盖了公司的全部业务，而且以机会空间、待满足的需求或痛点为中心。交叉主题的例子如万物网（the Internet of Everything），还有一类更宽泛、并着眼于未来5—10年的话题，例如环保主题蓝天（Blue Sky）。即刻创新法也会有一个全员参与的会议，会议上会讨论这个方法从创意提交到设计原型的统筹安排。

第二步：提交创意

即刻创新团队会为创意提交设置一个期限，这给了员工时间去寻找有意愿参与项目的同事，除此之外，也能给他们时间来审查和改进他们的创意。创意会通过内部数据库被匿名提交给即刻创新管理团队，同时，以下信息也会被收集：

- 创意名称
- 创意描述
- 交叉主题类别
- 机会是什么
- 你要解决的问题是什么
- 这个创意会如何让组织从中获益

从这个时间节点开始，提交创意的人就被称为“发明者”。即刻创新管理团队会严格按照创意的质量进行审查（不考虑发明者的级别、薪资水平、教育或专业技能），并会在接下来的几周内缩小入选创意的范围。提交的创意可能有上百个，这取决于组织的规模，但很有可能最后只剩下几个。没有通过创意提交阶段的创意会得到即刻创新管理团队如何改进创意的反馈，以便下一年重新提交。

创意通过审查后，发明者会向即刻创新管理团队亮明身份，并进入即刻创新法的下一步。在整个流程中，不管发明者会在多长时间内参与这个创意，他／她都能通过即刻创新管理团队获得建议、资源和组织内部的人际关系。例如，每一位发明者都会获得一定时间并配备一个至多 4 人的团队，以及少量的金钱和物料。但是，他们仍然要负责已有的本职工作。我们亲身经历过这种额外的责任，在整个过程中，有几个发明者可能会因为各种各样的原因中途放弃，比如（在继续本职工作的基础之上）这个项目快要压垮他们了，他们没有一支强大、坚定的团队，发明者并没有创业追求。你可以强调：不管结果如何，发明者是在利用公司的时间、金钱和专业技能来学习如何成为一个创业者，这对于想要学习新技能的人来说是个绝佳的机遇，我们努力把这种机遇看作免费获得像工商管理硕士一样的高级学位的机会。

第二阶段：产品开发

第三步：任命导师

发明者会被指定一名导师，这名导师来自和创意最匹配的业务部门，例如，如果发明者是一个会计，但他/她的创意与公司的机器人部门最匹配，那出于产品开发的考虑，发明者会与一位机器人专家配对。导师和学员有两周的时间来完善创意，并完成一份概念验证的书面计划。

一段时间后，如果创意能继续进行即刻创新流程，发明者会被指定一名创业/商业导师，开始从产品开发、品牌、市场和销售的角度探索各种可能性，并在公司当下或未来运营的情境中考虑该创意。

第四步：成立 360° 指导委员会

为了让那些对创意的商业价值产生兴趣的人开始从公司的角度审查创意，需要成立一个 360° 指导委员会。委员会的每个成员都一定来自对创意成功有帮助的部门，包括但不限于法律部、产品设计部、技术部、市场部和销售部。委员会定期开会，而且最初的任务就是审查每个发明者的概念验证，然后，他们会亮绿灯，让创意进入下一个阶段。一旦概念验证获得批准，委员会会鉴别所有为了进一步推动创意所需要解决的职能问题和相关举措。这个阶段通过的创意会得到来自指导委员会的反馈。

第五步：保护知识产权

在这个阶段，任一及全部知识产权——专利、商标、版权和与商业机密相关的申请工作都应该由公司的法律总顾问或法律团队来完成。发明者会和法律团队一起润色语言来全方位地保护创意、发明者和公司。如果产品或技术有市场，这对于发明者和公司都是一种保障，保证了两者在创造新事物时付出的辛苦、时间和投入的资本会得到回报。知识产权的无形资产被认为是一种珍贵的资产，因为如今创意可以被授权使用，也可以被购买或卖掉。

第六步：组建团队

发明者有一次机会可以组建一个包含 4 名内部员工的团队，这些员工会大大促进创意的成功，而且一定愿意在日常工作的基础上额外地为创意工作。这个团队应该具备所有所需的专长和互补的知识和技术。他们应该被批准用 3 个月的 20% 时间（每周 1 天）设计产品原型或新产品线。而且，这个团队会得到一笔数额很小的预算（比如最多3 000美元），用于购买制作产品原型所需的材料和零件。在这段时间内，发明者会学习如何组建一支共享相似价值观和相同目标的团队，以及认识到团队内部的化学反应对创意的成功来说有多重要。即刻创新管理团队的作用是对发明者进行团队教育，或者请来外部专家教会发明者好团队的价值和组建这种团队的方法，因为团队能决定创意的成败。

正如前文所说，每一个队员仍需继续完成其本职工作，并利用额外的工作时间（下班后、周末、假期）来完成本职工作和创意的产品原型。在发明者无法组建团队的情况下，即刻创新管理团队会与人才开发的人事专员一起寻找可以在项目团队里工作的人。

第七步：明确时间线和重要时间节点

发明者被指定了一名创业／商业导师并定期与其见面，这名导师可以帮助发明者清晰地指出产品发布过程中所有必要的产出和时间节点。在这个阶段，有很多可能决定创意成败的未知因素，而且，依照精益创业的方法，创业者和导师应该设计一个可以解决所有未知因素的方案。例如，会存在消费者是否愿意接受新产品或服务的问题，所以方案应该包括产品原型在测试市场投放后的一个学习周期，以此来检验所提出的解决方案的接受程度。再如，也许有一个关键的技术需要证明是可以正常应用的。在这一阶段，时间线和重要时间节点可以识别这些未知因素，并用可证明的假设来考量这些因素，而这些假设是可以用精益学习周期来检验的。

第八步：安排人际关系 / 才能交换

即刻创新团队帮助发明者与职能最匹配的部门搭建起沟通的桥梁，并促成项目期间发明者与这个部门的全程或某一阶段的才能交换。在之前提到的例子里，如果一个发明者白天是会计，但在周末是机器人业余爱好者，而且他 / 她的强大创意很有可能让公司获益，那么他 / 她理应在特定的时间内待在机器人部门。才能交换非常有效，因为这是一种可以帮助发明者强化创意的好方法，也能留住那些非常有潜力的员工。

第三阶段：学习如何成为一个创业者，并设定商业模式

第九步：提供创业培训

发明者也许在他们的专业领域或爱好领域非常出色，但他们对如何建立新创企业一无所知。即刻创新管理团队现在会安排发

明者加入创业的“新兵训练营”，发明者在这里可以学习商业运作，包括但不限于制作财务文件（损益表、资产负债表等）、销售预测、毛利率及基准利率。公司也会额外请专家来指导设计思路，或者更深入地教授精益方法，以帮助发明者实现产品的原型设计和产品的交付使用。正是在这个阶段，发明者会全身心地与创业导师交流，这样他／她就可以更全面地思考加快将创意投放市场的速度的方法。

第十步：发展战略合作伙伴

发明者再次联系360°指导委员会，开始寻找可能会对创意感兴趣的内部或外部潜在的合作伙伴。委员会的使命就是与发明者和个别导师（产品开发和商业导师）合作，提供指导，以及向公司内部的部门和外部的潜在合作伙伴展示创意。所有这些都是为了在展示日之前吸引到更多的注意力和兴趣。

第十一步：设定样品展示日

样品展示日的目的是为创意寻找愿意投标且把创意结合到某个具体业务部门的赞助人。展示日看起来像是典型的高中科学博览会，对创意的商业价值有兴趣的人会游走于展位之间，查看每一种样品，然后考虑这些样品是否有可能被纳入他们的业务里。发明者及他／她的团队会对最好的产品做“电梯游说”，并说出为什么他们相信这个产品应该被纳入公司的某一业务部门。对样品感兴趣的人离开时应该非常想要把创意纳入自己的部门，或者至少想要和发明者继续交流。在现场或者离开现场后不久，他们会就每个样品填写一份调查问卷，并回答如下一些问题：

- 你给这个创意打几分
- 你有兴趣成为一位赞助人吗（在你的业务部门里采用并改进创意）
- 如果你对这个创意没兴趣，请详述原因
- 你会如何改善这个样品

在展示日之后不久，即刻创新管理团队会宣布被业务部门采用的创意，支持创意的损益表，创意进行商业化的时间表和方案。如果没有业务部门的赞助人采用创意，那这个创意会保留在即刻创新项目中，并会继续研发，或者和非进行中的项目数据库里的创意放在一起。公司可能会设立一个风险投资基金来提供额外的资助，如果创意没有在公司内部被某个部门采用的话，风险投资基金可能会将创意商业化。

第十二步：奖励发明者

对于那些创意已经被业务部门采纳的发明者来说，他们现在将决定是留在现在的工作岗位上，还是继续将他们的创意商业化。如果发明者想继续自己的创意，他们会和投资人商讨出一个方案，准备额外的人才和预算。正如之前提到的，公司会用创意的股票奖励发明者，发明者的团队也会因他们的参与得到认可和金钱方面的奖励。

接下来会发生什么

即刻创新法的成果应该是出现一组新的业务组合和几位商业新秀。接下来怎么办？你让每一位发明家选择是继续做现有的工作，还是继续推动创意商业化。如果发明家想维持现有的角色，你还有 4 名队员可以敲打一下，让他们帮忙在采用了创意的业务部门推进这项创意。

每年重复即刻创新法应该能够带来一种希望：员工也可以变成股东，并因此为公司贡献更多，去开发能为公司带来巨大价值的东西。即刻创新法提供了一种环境，让员工可以自由试验，将参与创新全员化、大众化，同时在这个过程中认可并奖励为组织带来新鲜想法的个体。这个过程让公司勇于接纳创新，并将创意进化到下一阶段。正如农民每年收成的增长与每年种下的新作物有关，一个公司的发展也要依靠对新业务的持续培养。

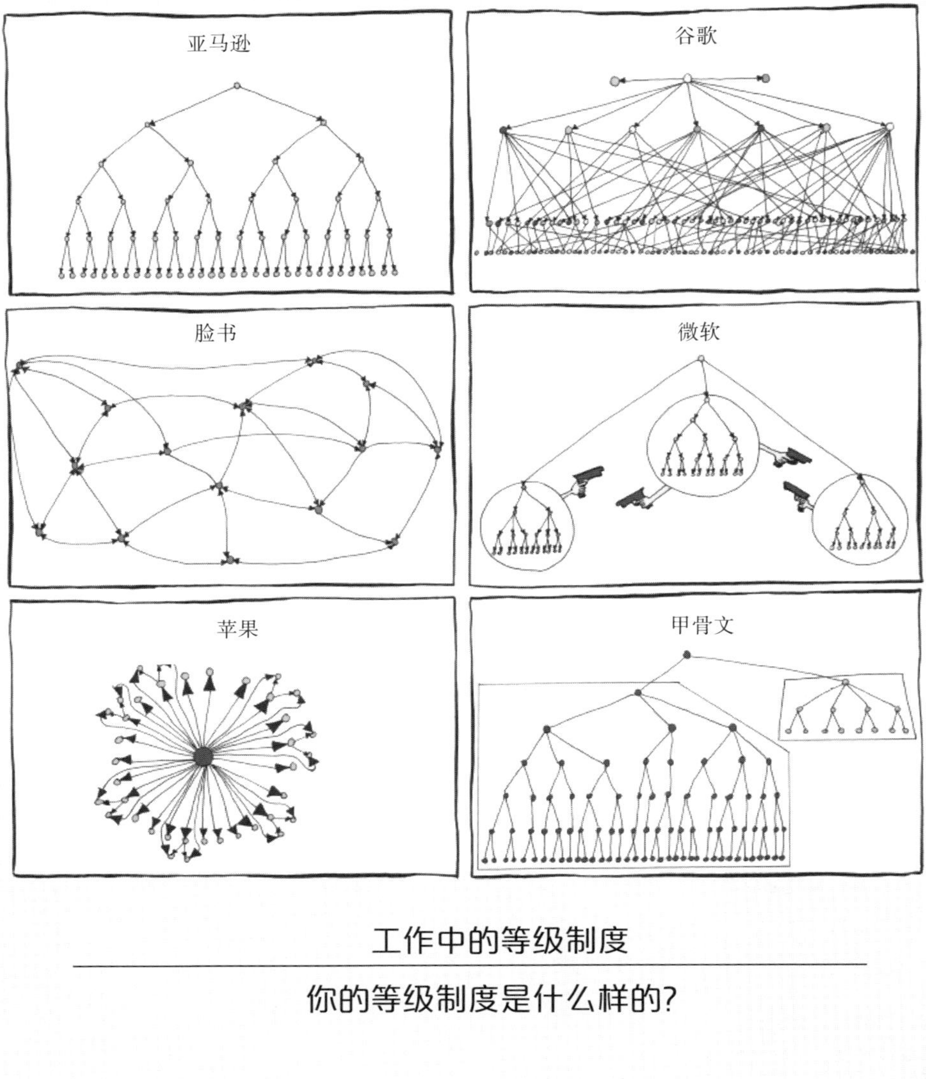

工作中的等级制度

你的等级制度是什么样的?

第三章

反转型组织

作为一家全球性人权组织（CRM）的首席执行官，萨姆·梅特卡夫有着传教士般的风范和福音传道者一样的热忱。这家在美国成立的非营利性组织现在在 12 个国家拥有合作伙伴，业务遍布 94 个国家。这个组织致力于在海外培养当地企业领袖，吸纳能为 CRM 的人道主义使命提供资金并完成相关工作的组织。从某种程度上来说，这些组织在栽培当地的企业。

CRM 最有趣之处在于它的创立和架构上。CRM 成立于 1980 年，当时，所有的联合创始人都在一家传统的人道主义组织工作，而这家组织不可避免地遵循非常严格的等级制。这些联合创始人志愿帮助别人是出于信仰，但他们从来没有想过要被等级制控制。他们之所以选择在非营利性组织工作，并不是因为薪水或荣耀，而是因为他们都拥有帮助别人的愿景，而这种愿景需要一定的自主权。这些二三十岁、毫无私心的人都想尝试全新的工作方式，但在那个庞大的等级森严的组织中，他们的想法不会被接受。

于是，梅特卡夫和一小群同事离开了他们各自的非营利性组织，并创建了 CRM。这一举动后来被证明是把权力从中心的领导层下放到一线员工工作的基层的一次尝试。现在，CRM 有超过 530 名员工在世界各地从事艰苦工作，这些办公室从建立、完善配套服务、运营都以创建一个独立自主的实体为目标。一旦海外分部发展成熟并拥有独立的领导层后，CRM 会彻底放权。两者间唯一的正式关系叫作“情景伙伴关系”，这表明两者之间的关系是一种彼此关联的关系，而非隶属关系。梅特卡夫先生这样描述道：“我在法律层面和组织层面都没有控制权，我只是有些影响力而已。”

那么 CRM 是如何作为一个目标一致、有着共同信念的团队运作的呢？它们共事的前提是对一套共同的信仰、价值观、使命和愿景抱有忠诚。这份忠诚就相当于 CRM 和海外办公室的一份书面协定。

他们在筛选入职员工时也很谨慎，这是为了确保新员工对梅特卡夫所说的“什么、谁和哪里”这 3 个重要因素的理念与 CRM 保持一致。例如，一位有望入职的员工可能会经历让人筋疲力尽的评估过程。梅特卡夫对此解释道：“这就是你想做的事吗？组织也想做同样的事吗？那就是你想为之奋斗终生的目标吗？你预想最后的结果是什么？”“谁”指的是“这些是你想与之共同奋斗、互相关爱，甚至是共赴死亡的人吗”？“哪里”就是你想去的地方。如果把入职竞争比作一场球赛，你最好了解梅特卡夫所说的“规则、队员和棒球场”的象征意义。

CRM的员工有着各种各样的背景，但这种谨慎筛选的结果就是造就了一个由一群世界观相似的人团结在一起的组织。而且，他们对组织和所从事的工作忠诚度极高。CRM不仅深入调查每一个入职员工，以便更了解他们潜在的积极性，同时也测试他们去海外办公室工作所需的募集资金的能力，那些没有这种能力的人会自动退出。在“什么、谁和哪里”的理念上和CRM达成一致以及具备筹集资金的能力平均需要两年的时间。尽管有这种门槛，CRM并没有正式的招聘部门。CRM通常不会主动为这些有挑战性的工作招人，都是候选人自己找到CRM。梅特卡夫说：“这都得益于我们在业界的口碑。”

然而，CRM的管理一点也不松散。CRM美国总部有专门的监督董事会实施管理问责制，海外的组织都会收集并汇报数据指标。梅特卡夫说：“我们的员工每年上交指标、名字和数字，这样所有的质量和结果都可以被量化。”但是，组织独立的本性导致了一些令人吃惊的事。梅特卡夫说：“令人意想不到的是，我不能强迫他们上交他们的指标。”在CRM，指标能够形成一种常识，让人知道好绩效是什么样的，它更像是一个评判基准，而非管理可以借助的工具。当绩效出现问题时，公司会及时应对，但并不是由首席执行官来决定炒了谁。“有些人会直接退出，然后说‘我们不干了’。”梅特卡夫解释道。在其他情况下，梅特卡夫作为美国总部的首席执行官，可能会在海外某一组织的领导人选出现问题时和当地组织的管理层展开对话，然而，梅特卡夫指出：“我没法来硬的。”

除了拥有共同的信仰、价值观、使命和愿景外，公司还会定期组织会议讨论战略规划。但这些会议更重要的作用是让员工团结在一起，紧跟组织的大方向。正如梅特卡夫所说：“信任和情感连接是关键。”通过这些会议，员工之间的距离近了，从这一点来说，组织“在跨区域共享人才和资源这方面没有任何困难”。

这些会议使得优秀的实践经验得以分享，因为这些经验正是组织寻找的可以在不同地区应用的“工具”和“程序”。但是，正如梅特卡夫所说：“我们现在做的事还是要联系具体情境。在华盛顿适用的法则在中国的华中地区就不适用了。”

一位CRM的员工评论道：“在我们的组织里，一旦哪个项目成功了，其他人就想复制这种成功，这就需要考虑快速创新了。”

作为一个非营利性组织，CRM 的角色据梅特卡夫所说是“去开拓新领地，探索别人不会去或者不想去的地方”。CRM 喜欢迎接挑战这一特点意味着员工每次面临的境况都是不同的，而这种不断改变和持续创新的主题也贯穿了整个组织。梅特卡夫如此形容道：“我们一直告诉员工变化是常态，如果你不喜欢改变，那你就来错地方了。”

CRM 应对持续变化的模式就是创造：

- 一个高信任、低控制的环境
- 大量能让员工对比工作绩效、分享绝佳经验的机会
- 凝聚一群有相同信仰、价值观、使命和愿景的员工的能力
- 增加让员工与组织进行情感连接的机会
- 严格筛选与组织非常契合的员工的录取过程

公司衍生公司：硅谷模式

从我们的角度来看，CRM 提醒了我们，硅谷成功的关键因素之一毫无疑问就是“公司衍生公司”，即风险投资模式。1978 年，也是现代技术型风险投资公司在 1973 年石油危机之后能够成功融

资的第一年，风险投资公司筹集了7.5亿美元的资金，可以说达到了当时的峰值。

最初，这些风险投资公司的建立就是为了做那种私募股权公司无法轻易做到的投资，它们与股权投资者的运作方式相去甚远。不过，为了培养一个正在成长的企业，现代的风险投资公司能够提供的不仅仅是资金。举例来说，位于硅谷的著名风险投资公司红杉资本，有一个专门为其投资组合公司寻找并且招聘人才的部门。大多数硅谷的风险投资人（有时候是很年轻的）都会给他们的创始人提供充分的建议，告诉他们如何着手建立自己的公司。甚至还有一些专业的风险投资公司，比如科技处方（Tech-Rx），致力于与一些成立初期的公司深入合作，来修正它们的一些业绩问题，或是解决更深层次的可行性问题。试想一位风险投资人和一位创始人之间的互动与一个典型等级制公司的领导者和其中一个部门的高管之间的互动有何不同？等级制公司通常会期望这样：

- 部门主管要为公司服务
- 能够非常精确地控制部门主管的活动
- 用升职来奖励符合公司要求的员工

风险投资人之所以能够成功，是因为他们做的是传统泰勒制公司不会做的事情，而且他们还会让自己与流体经济的需求保持一致。他们通常会期望：

- 为创始人提供他/她所需要的东西，尤其是充足的资金
- 创始人控制好他的/她的新创企业，这样风险投资人不必为之担心
- 用大量的公司股权和收益回报创始人的成功，其价值在创始人功成身退时会是年薪的很多倍。遵从风险投资人的意见的作用和意义并不大，除非这样可以让公司获得成功

风险投资人的定位与普通等级制公司里的主管是完全不一样的。等级制公司会希望有一位部门主管来满足公司的需求，而风险投资人是为了满足新创企业的需求而存在。风险投资资金的增长源于不断增加的风险投资机会，而风险投资机会源于创业者的创业意愿，这种意愿取决于创业者创业后可能得到的潜在收益。

实际上，标准的组织结构已经被颠覆了。风险投资人的本质就是满足创业者的需求，同时，这也能促进他们自身的成功。这

就是我们所说的“反转型组织”——一种以其员工需求为导向，让他们取得成功，而不是以大部分高管的需求和愿望为导向的组织。要知道，几乎在所有的企业里，消费者购买的产品都来自一线，他们并不购买首席执行官或者任何其他全职主管的决策和管理指令。因此，主管的角色必须是满足一线员工的需求，而不是让员工满足主管的需求。

风险投资公司通常是以人为中心的企业网络中的投资者。除此之外，风险投资人还与服务供应商、其他的投资人和战略伙伴建立关系，而所有的这些关系都有可能让你迅速收获巨大的成功。如果能像马克·扎克伯格和彼得·蒂尔一样找到正确的风险投资人，你就可以像他们一样在短时间内从无到有。风险投资人和他们的资源就像是在一旁摇旗呐喊的啦啦队，而你是比赛中的四分卫。

在硅谷，这些“啦啦队”的指导、鼓励和支持促进了已经取得了一定成绩的创业者骨干团队的发展，并有助于这些团队产生“滴流效应”。对许多风险投资公司来说，它们资助的创业者之后会成为新一代创业公司的天使投资人和顾问。这种滴流效应正是让硅谷的重要影响持久和强大的原因。

在人才公式和流体经济中，如果你不愿意主动下放权力，那么你就会削弱培养新的领导才能的能力。许多大公司都已经开始行动起来，频繁地建立它们自己内部的风险投资部门。在这个过程中，它们必须为它们的创新者创造合适的环境来帮助和激励他们取得成功。在这个过程中，权力下放的组织结构将至关重要，因为正如我们所看到的，如果试图用明显或隐藏的威胁控制员工，轻则员工脱离组织，重则公司全员会积极地追求一个没有经过大脑的糟糕想法。

一个创造其他公司的技术公司

“公司衍生公司”的模式并不是风险投资公司特有的。在英国剑桥，有一些公司自称为“咨询公司”，但通常做的都是风险投资项目。其中有一家公司叫技术伙伴（The Technology Partnership，简称 TTP），温文尔雅的萨姆·海德博士担任该公司的总经理。

TTP 具有双重商业模式。公司的收入来源主要是为全球各地的客户解决棘手的技术问题，无论是设计专业的印刷喷头，还是发明精细的给药硬件。例如，一些制药公司在某些给药系统要求的硬件或微流控技术上不具备专业技能，而 TTP 能提供这方面的专业技术。而公司的另一种商业模式是用长达数年的时间内部孵化风险项目，之后将其作为一个独立实体剥离出来。

在近30年的时间里，TTP在开发高度创新的技术解决方案上一直非常成功。TTP成功的秘诀是什么？我们确定了5个帮助它成功运营“反转型组织”的关键因素：

- 严格的非等级制度
- 以高效招聘为重点
- 利用内在动力而不是典型的“胡萝卜加大棒”的方法
- 非正式一致
- 提供良性与支持性的环境

严格的非等级制度。海德博士本人在TTP是很与众不同的，因为他是这个300多人的组织里仅有的7名实际拥有管理层头衔的人之一。不过，他很快就指出，即便如此也不需要强调这一点。在人力资源部和财务部有一小部分职能职员，而绝大多数的员工（大约250人）是专门为客户提供技术专长服务的顾问，他们组成了许多顾问团队。在这些团队中也有领导者，但是，这个角色因项目而异，原则上来说，任何顾问都可以成为团队的领导者。而为公司发展业务并带来项目的同样是这些顾问，同时，他们其实也是进实验室研发 TTP 最知名的高难度技术性解决方案的一线科研人员。在 TTP，对谁负责业务开发，谁领导团队，以及谁来做一线技术工作，并没有某个明确的正式规定，而且员工在职业生涯中通常都会在这些角色之间不停转换。唯一的管理层就是组成这家公司的 6 位各有 30—50 人的小组的领导，以及总经理海德博士。

以高效招聘为重点。“这与高效招聘有关。”海德说道。和许多其他成功的反转型组织一样，TTP 首先关注的也是如何找到高度忠诚于公司的合适的人才。一个拥有剑桥大学博士学位的人说：“在剑桥大学，每一位想要从事与科技产品的技术相关的工作的科学博士都想在 TTP 工作。”TTP 名声斐然，不仅仅是因为它是一家非常好的公司，更是因为它很难进。最近流传着很多剑桥大学博士在 TTP 遇到时间长而且难度高的技术面试的故事，候选人要回答涉及从流控技术到光学等学科的问题，整个面试往往长达数小时。这些面试不仅能考察面试者的技术水平，也能让面试官努力去了解面试者本人，并寻找说服自己亮绿灯的理由。面试过程非常艰难，没有几个剑桥大学博士能通过面试，即使是那些被普遍认为技术能力非常出色的人也很难成功。海德坦率地说：“有时候我们会错误地拒绝优秀的候选人。”

对 TTP 来说，它需要技术能力过硬的人才，但更重要的是，这些人才要能透过一系列技术和商业问题了解某一技术理念潜在的商业价值。与我们研究的其他反转型组织一样，TTP 也寻找具有高度的内在动力的人才。“他们需要有一种内在的兴趣。”海德说道，“他们需要对商业化有一定的热情。”TTP 也要确保聘用更多样的技术人才。“多样化对我们很关键。”海德说。据他所言，创意的产生与环境以及了解不同的领域有关，与需求、技术和商业的兼容有关，同时还和商业模式有关。所以公司会从不同的技术背景的候选人中挑选人才，以期在内部培养这种兼容的品质。这一特点在公司内部也有反映。在与一线员工的讨论中，他们能够自豪又清晰地描述他们的专业技术领域，以及他们周围同事的专业领域。海德同样承认他们高标准的招聘有它的缺点，“这种标准限制了我们员工人数的增长”。但 TTP 认为，维持公司内部人才的高标准比公司规模的迅速扩大更为重要。

利用内在动力而不是典型的“胡萝卜加大棒”的方法。TTP 通过提供自主权，鼓励精益求精和规划目标的方式来激励员工，而不是采用传统的绩效管理。这些管理理念最初由丹尼尔·平克提出，如今正在 TTP 得以实践。盖洛普咨询公司的调查显示，只有 33% 的美国职工和 13% 的全球职工真正地投入他们的工作。然而，利用指标和目标的绩效管理仍然是几乎所有现代企业的普遍状态。TTP 明白指标和目标常常会导致员工脱离组织，原因是这是一种控制机制。所以，为什么最奉行个人主义和最有创造力的员工，也是公司在流体经济中想要获得成功最需要的人，要加入被这种类型的制度控制的公司呢？此外，传统的“胡萝卜加大棒”的激励方式有创造焦点的倾向，也因此减少了流体经济需要的横向思维。就这一点而言，TTP 采取了完全相反的方法——作为一个反转型组织，它鼓励高度的自主权。正如海德所说：“我们相信员工会明白，从商业角度来说，我们必须创造利润，但是你可以判断如何使用你的时间以及追求你真正的兴趣。”

一线员工的自主权和权力下放不仅仅是高层的口头承诺。一线的技术人员特别指出：“你自己填自己的工时表，但之后你应该继续完成你的工作。”

精益求精的概念同样也被 TTP 看重。TTP 激励员工的方法之一就是认同每个个体的天赋和能力都是与众不同的，也认可员工在提高自己专长的同时，应该继续横向地发展更多的才能。TTP 的目标规划也很清晰。他们接手的项目的客户都带着清晰且紧迫的商业目的，这一特点也被融入组织当中。

非正式一致。也许 TTP 最令人惊讶的一点就是整个公司内部的人出奇地一致。在我们的采访中，运营顾问们表达的成功原则与总经理海德说的一样，有时甚至一字不差。然而，这种程度的一致并非来自任何正式程序。

“我们不会把这些写下来，因为如果你落实到文字上，它就成了教条。”海德说，“我们有规范，而不是规则，因为规范是可以被挑战的。”他继续说道：“我们告诉员工，他们有权用不同的方式思考。大家可以自由挑战规范。”这些规范是通过频繁但非正式的互动沟通得出的。“在 TTP 工作需要一种社交性格。”海德说，“一些工程师可能有点内向，但这对我们来说行不通。”除了关于这些规范的社交活动，像许多其他我们研究过的反转型组织一样，在 TTP，更多商业层面的审慎讨论都发生在工作场所之外的会议上。对 TTP 来说，这些会议才是典型的围绕某一特定主题的标准会议。在 TTP 工作了几个月后，员工们开始受邀参加这些会议。据海德讲，这样做有两个好处。第一，这有助于被邀请的员工得到提升，“当你邀请他们来参加会议时，他们会认真思考这个话题”。第二，这也能让会议的主题得到发展。海德很快指出，去程序化或许不一定是最快的方法，“我们接受一定程度的低效率”，但去程序化使系统的灵活性成为可能，并且比强制员工遵守的流程手册更能调动员工的积极性。毕竟，“一切都和人们头脑中想的是什么有关”。

提供良性与支持性的环境。TTP 特意采用了支持员工的良性管理模式。让有才能的人在追求利益的商业环境中可以追求自己的热情这一理念是 TTP 运作的核心，而这样做自然而然的结果是，公司的员工会产生许多想法，其中有些适合在基础的咨询模式之外进行拓展。这些业务有许多不同的发展方向：其中一些仍然以 TTP 为名，但不在咨询业务的范畴之内；另外一些最终以股权转让为结局；也有的业务会成为首次公开募股（IPO）的先例。所有业务的唯一主题就是以技术为核心。业务将会如何发展明显取决于技术的性质、将业务推向市场需要什么、团队的需求。TTP 创立其他公司的方式似乎源于其对以人为中心的组织的渴望。

TTP 分拆组织的意愿，以及宁可保持小规模，也不让等级制悄然成形的倾向，还有对组织成员不间断的关注，都明显表明 TTP 站在为许多泰勒制组织深深着迷的扩张心态的对立面。总的来说，TTP 之所以成功，是因为它并不试图控制它的员工，而是尝试着为聪明且极具创造力的员工创造最佳环境。通过这样做，TTP 在创意产业上已经获得了成功。

TTP 在很多方面走在了流体经济的前列。它完全专注于交付商业上可行的技术方案，同时，它也提供了一个反转型组织的运作模型。

人才公式配方

那么，你要如何反转你的组织？你如何把一个一线员工为企业服务的公司转变成企业为一线员工的需求服务的公司？有两种方法：在公司内部培养反转型组织，或者重组公司内部非反转型的组织。

培养反转型组织

没有阳光植物难以更好地成长，因此，受控于或类似于母公司只会扼杀新公司。如果一个反转型组织想成功，它必须让新公司在不被母公司控制的情况下成长。通过我们对 CRM、风险投资公司和 TTP 的案例分析，这类组织才是能够栽培其他组织的组织。在这些案例中，“播种”的组织有意尝试发展“被种植”的实体，培养它并让它成长到可以独立出来，然后放权。要反转一个组织，就需要让组织成长到能够这样做。在第 2 章，我们讨论了即刻创新流程，它能够让你的组织建立独立的实体。管理这一流程的是一支由组织搭建的可以指导和培养内部创业者的团队。这个团队的角色是打造内部创业者精神和创业者精神的文化，并培养组织内部员工承担这些责任的能力。通过创立高度自治的新创企业，围绕着这些新创企业去反转组织将是可能的。

重组非反转型的组织

在后网络时代经济，几乎没有比传统实体书商更具有挑战性的行业了。有了来自类似亚马逊这类颠覆性互联网书商的竞争，以及像美国巴诺书店推出的电子书阅读器（Nook）与亚马逊推出的电子书阅读器（Kindle）这类电子阅读器的电子图书销售，传统的实体书店似乎已经落伍了，注定会走上 *Dodo*（知名杂志）或是 Blockbuster（音像租赁商店）那样的道路。就连水石书店（Waterstones），这家英国最大的连锁书店也感受到了巨大的压力。在 2011 年，Waterstones 负债 1.7 亿欧元（2.6 亿美元），而且一直在亏损。然而，在 2015 年一个重大的转折后，它开始盈利了，而且不仅仅是盈利——在美国巴诺书店关闭门店来节约资金的时候，Waterstones 却在为新门店选址。

这次转折的源头是什么？它来自一个从门店层面做出商业决策以应对这些意义重大的变化的基本决策。在 Waterstones 遇到转折点之前，和其他大型图书零售商一样，它们的门店都是总部统一规划的。出版商可以付钱选择书店的最佳陈列区，每家连锁店都必须如此设计。这种统一的布局能确保所有连锁店都用同样的方式优先陈列某些书。

对 Waterstones 来说，这一切在詹姆斯·当特成为首席执行官后都改变了。在那个时代，许多连锁书店的首席执行官都是所谓的零售主管。而当特是作为独立书商进入零售行业的，正因如此，他对于集中控制和官僚主义的流程很不屑，但这种不屑是有正当理由的。最重要的是，他明白当地门店的经理如何才能更好地满足当地客户的需求。他入职的时候，公司已经破产，来自出版商的促销收入是公司重要的收入来源。但是，他却做了一个在别人看来和自杀没区别的决定——他决定放弃对门店陈列布局的集中控制，以及相应的收入。他将陈列布局的决定权交给了当地的门店经理。除此之外，他还允许当地门店自行决定哪些书可以打折，哪些书可以全价出售，并同时缩小了总部的规模。突然之间，门店不再是总部的下属，相反，总部成了门店的随从。

这样的做法使得当地的门店经理能够更好地满足当地人的需

求。那些以中产阶级为消费目标的社区门店拥有了与中央商业区门店十分不同的面貌与氛围。举个例子，一个位于伦敦市中心的门店，并没有用店面的最佳陈列区来展示最新的畅销书，而是选择了陈列一部经典文学作品作为推荐的沙滩读物。没有了推销特定书籍的限制，门店的现货图书种类增加了。而且，因为门店密切贴合当地潜在客户的品位，出版社的退货率从23%降到了惊人的4%。此外，门店运营者在更加忙碌与努力的同时，也充满了使命感。

有人曾引用当特的话："你会喜欢在每个人都很忙碌的书店里工作。这比一边在仓库里归档一箱又一箱需要退回出版社的书，一边想着你的生命就是为了做一些毫无意义的行政工作，而这些工作是因为总公司里你鄙视的某些无名官僚刚刚丢给了你数不清的烂书要好多了。"

通过打造这种反转型组织，Waterstones做到了网络零售商无法做到的事情——为职员创造更好的环境的同时，也为当地人提供了一处有吸引力的消费场所。他们为消费者提供了亚马逊无法提供的用户体验。

在尝试让组织更专注于个体的改造的过程中，一个主要的问题就是组织内部的人全都习惯了去执行命令。身处以大多数高管的需求为导向的组织中可能会令你沮丧也会让你感到束手束脚，但这并不意味着这种组织的成员能够在与其截然不同的组织中工作。因此，首先要做的就是培养员工用其他方式工作的能力。员工需要具备解决未知问题的能力，或是在无人监督时依然保有强大的自制力，或是第一千零一种你想让员工具备的能力。在Waterstones的这次转型中，一半的管理者离开了公司。

丰田汽车公司独创了一种员工培养方法，叫作方针目标管理。方针目标管理被纯粹主义者认为是一种培养员工，并让他们研究某个特定主题或问题的方法。在方针目标管理的过程中，公司要求所有员工在他们自己的领域里研究同一个主题。方针目标管理与所谓的“接球法”有着密切的联系。在“接球法”中，公司的主管提出几个全公司层面的议题，比如“成本”或“质量”，然后由这位主管的直系下属负责设计一个符合这个主题并能够提升公司员工能力的计划。例如，如果这名高管提出了“质量”这个议题，其直系下属可能提议通过改进包装来提高产品的最终质量。他们会指派员工去解决这个问题，这不光是为了员工个人的发展，也是为了提高公司的业绩。值得注意的是，这个高管不会给直系下属具体的指示，他仅仅是给出一个话题范围，然后依靠直系下属想出更多的细节。久而久之，这种方法能够提高一线员工独立发现并解决问题的能力。一段时间以后，高管的指示会越来越少，并越来越像一个教练。这种管理方法需要对员工的长期发展有很深远的投入。

其他模式

权力高度下放组织的模式也有其他不同的先例。沃伦·巴菲特的伯克希尔·哈撒韦公司是一家取得了巨大成功的多元化企业，同时也是一家权力高度下放的公司。尽管其包括联合公司在内拥有超过 34 万名雇员，总部却仅有 25 名员工。巴菲特本人多次描述道，伯克希尔·哈撒韦公司的投资组合公司的经理们比他自己更加清楚各自的业务。他把自己在这些投资组合公司的主席职位描述为“有限的”，并且经常在管理这些公司的过程中尽力规避激进主义。伯克希尔·哈撒韦公司除了为这些大型企业提供资金，还有智慧。简言之，伯克希尔·哈撒韦公司规避对公司的全权控制，只是提供知识上的支持。许多权力下放或反转型的公司都是高速成长、蓬勃发展且成功的。

马文·鲍尔，这位建立了麦肯锡公司并把它发展到现有规模及声望的传奇管理顾问，曾警告人们等级制度的危险性。他在唯一的一次广播演讲中提及了这种有害无益的等级制度。在1966年，他评论道：“我相信，领导与领导团队用一种恰当的方式团结合作来运营企业，会比使用命令–控制型管理方法更加有效。但是我不能证实这一点，而且没有任何典型示例。”

也许我们现在可以证明他是对的了，一些自1966年后涌现的反转型组织不仅至今依然存在，而且还在蓬勃发展中。

在人才公式中，管理者应该把他们的权力下放。在创新能力至关重要的部门里，这可能意味主动去寻求下放权力，而且是下放到员工可以成功创业的程度。员工开创的新创公司可能会独立于公司主体之外。这种权力下放对典型的企业管理者来说并不轻松，但让公司能够在未来的流体经济中存活下来才是关键。培养与奖励敢于冒险去领导那些业务部门的人十分重要。奖赏需要从实质上反映这些部门的成功，并有助于他们保持共享利益与互信的态度。

试图应对流体经济的管理者们应该尽他们最大的努力将决策权交给与客户打交道的员工，然后在缩减公司内等级制部门的同时，发展已经权力下放的部门。这一办法与Waterstones将权力交给门店经理并缩小总部规模的方法十分相似。如果公司中并没有明显得到权力下放的部门，可以通过之前所讲的“即刻创新”方法论的初始“播种”过程，把公司某个部门培养成反转型组织，这样，就有可能创造出能够同时满足客户需求和员工需求的公司。

你看到光了吗？你是在为了获得启示而向上看，还是因为担惊受怕而往后看？

第四章

冒险型领导层

1997 年，史蒂夫·乔布斯重回苹果公司后，决定将公司的重心放在个人台式电脑、商用台式电脑及笔记本电脑上，这一决策是苹果公司发展史上最为成功的转折点之一。乔布斯的目标是在这些目标市场打造最好的产品，而在追寻这一目标的道路上他变得冷酷无情。早在乔布斯回归以前，虽然大部分业务都在苦苦挣扎，但苹果公司仍然拥有收益颇丰的打印机特许经销权。因此，苹果打印机团队的大部分人都以为他们会免遭公司其他人经历的残酷的裁员，然而他们错了，而且是大错特错——整个打印机团队被一次性全部裁掉，以确保公司把精力集中在乔布斯明确为优先发展的战略产品上。

乔布斯在台式电脑和笔记本电脑市场占据主导位置后，他开始思考下一步计划。这样的背景，再加上乔布斯强势的甚至在有些人看来既狠辣又狂妄自大的领导能力，使得开发消费类电子产品存在一定的风险。然而，这正是托尼·法戴尔在 2006 年加入苹果公司后做的事情。

法戴尔出任苹果公司硬件和移动设备高级副总裁，他是一个有决断力且喜欢修修补补和发明创造的人。所罗伯·古普塔曾于2006—2012年担任iPod（苹果播放器）的工程部经理，在法戴尔手下做事。在一次采访中，古普塔回忆了法戴尔是如何带领他的团队为实现工程技术上的极大成就，即把音频处理技术载入一个小巧而精致的设备中，而发起挑战的。后来，法戴尔作为iPod的创始人，很快就声名鹊起。据古普塔所说，“iPod取得如此大的成功并不在预料之内，更不要说iPod 2006年创造了苹果公司超过一半的收益了”，但这的确发生了。“斯蒂夫本来认为iPod会是苹果电脑的某种小型配件，而不是一种独立的产品。”古普塔说道，“我觉得我们都对这种市场反馈感到非常吃惊……这真像一场赌博……而且因为iPod早期的原型与早期的智能手机相似，我们就明白了智能手机又会是个不得了的东西。”这个“东西”就是iPhone（苹果手机）的原型。这样一次开拓新市场的随性而冒险的尝试使苹果公司一跃成为世界上最富有的公司之一。

之后，法戴尔继续带领了设计了前18代iPod的团队和制造了前3代iPhone的团队。让法戴尔如此富有实验精神的原因有很多，但其中最重要的是乔布斯给予了法戴尔在技术、产品设计以及研发方面绝对的自由，而乔布斯会进一步把控包装和营销以完成这个产品。虽然法戴尔和乔布斯年龄相差 14 岁，但是他们的组合堪称梦幻组合。

今天，事后聪明一下，我们知道 iPod 是一个巨大的成功，我们也知道在电脑和个人娱乐趋于一致的过程中，iPod 是非常完美的产品。但在当时，这两点完全看不出来。就在 iPod 发布之后，在苹果的粉丝博客“Mac 流言”上出现了一些评论，如：

> “如果乔布斯认为这个东西（iPod）会成功的话，那就意味着现实扭曲力场让乔布斯的脑子开始扭曲了。”
>
> “傻子才会买这种东西。”

许多人抱怨它昂贵的价格，但最核心的是苹果公司偏离了它最擅长的产品领域——电脑，转而进入消费类产品市场。回过头看，假如当时苹果公司继续做电脑，那么它是一定不会进入音乐播放器市场或智能手机市场的，那么现在，它也不会是世界上最有价值的公司。

如果领导者想要长远的成功，尝试冒险的能力是至关重要的。当下无法确定以后是否能成功，但如果领导者不愿意冒点险的话，想要感受成功的喜悦是不可能的。一个很明显的事实就是，如果领导者不去冒险研发新产品、开发新创意和想法，那么他们的公司将失去市场份额和市场关联度，甚至会被市场淘汰。我们可以参考以下事实：自 2000 年起，52% 的《财富》500 强公司已经消失了；到 2020 年，75% 的标准普尔 500 指数公司会是你还未听过的公司。

去建立信任

今天，商界面临最大的挑战之一是能渗透组织的信任的缺乏，但是对于一个在流体经济中生存并成长的公司，你必须要有信任。在《值得信赖的顾问》一书中，作者大卫·梅斯特、查理·格林和罗伯特·加弗德清晰地阐述了信任公式。根据他们所说，决定某人对你的信任程度的因素可以被总结为：

信任 =（可信度 + 可靠度 + 亲密度）/ 自我定位

可信度是我们在更有可能凸显我们竞争优势的情境中所借助的背景。例如，“贝蒂的秘密”是一家为女性设计的网站，其联合创始人兼首席执行官黛博拉就是一个讲信用的人，她亲身实践着网站上的很多内容。

可靠度是衡量我们之前行为的正确率的标准。长时间保持优良记录的人比没有这种记录的人更容易被信任。

亲密度是衡量我们人际关系亲疏程度的尺度。在其他条件都相同的情况下，我们更倾向于相信一位好朋友或伴侣，而非素未谋面的人。

自我定位有着最为重要的影响，因为如果我们致力于服务他人而非自己，他人更有可能相信我们。换言之，比起一个被定罪的骗子，你显然更愿意相信特蕾莎修女，即使两者都没有什么专业技能。这种自我定位会在更世俗且日常的互动中体现出来。认真且主动地倾听他人讲话是许多人努力培养的技能，也是一种体现我们对除自己以外的人关注的方式。试着为那些我们与之打交道的人做一些小事，便有可能表明我们的外在取向，从而增加他人对我们的信任度。

值得注意的是，可靠度与亲密度通常需要一些时间才能建立。一般来说，拥有这些特质的人会是你认识很久的或与你相像的人。这就引发了一个问题：如果你一直相信与你相识已久或相像的人，或与你做事方式相同的人，那么你将如何提出真正有创意的想法？你又如何做出与众不同的事？

在一个典型的等级制公司中，长达数十年的时间里被视为“公司人”是能够被委以重任的先决条件。数十年的绩效管理会让你按照公司的准则来决定做什么和怎样做，而且只有遵守公司准则的人才有可能得到升职的机会。大型的等级制公司很难提出有创新性的新鲜想法，这一点或许并不令人吃惊。现在我们需要有冒险精神的领导者，他们愿意相信那些还没有被公司的规章制度打造过的人，或者与当下环境中人们所期望的截然不同的人。只有领导者愿意为全新的事业冒险，我们才能真正实现可以带领公司走向繁荣与进步的创新。

这就需要对那些严谨诚实但世界观与众不同的人给予信任。托马斯·爱迪生在老师因为他自由且离经叛道的想法而称他“头脑不健全”后，便在家里自学。这件事几乎众所周知。顺从性和创造性必然是人格范围的两极。领导者必须学会面对这些风险，耐心培养信任，并加入这些创造性的冒险事业中。

集合式思维和创意组合方案

在爱迪生发明电灯的时候，他没有只选定一个简单且有风险的想法，而是召集了一个团队，在他的实验室中进行了几次理论评估，来了解潜在解决方案的正确参数，然后他又要求他的团队测试了成千上万个替代方案。爱迪生对材料科学的认识非常有限，他也知道他的大多数尝试会失败。因此，他的保护措施就是拿出足够多的实验方案，因为这其中总有一个方案最终会导向成功的结果。

1984 年，在日本汽车制造商看似将要主导美国最重要的产业——汽车工业的时候，美国政府就美国汽车公司和日本汽车公司设计车辆方式的差异进行了一项研究。研究显示，美国汽车制造商花费了近两倍的工时来设计一辆新车（与日本汽车公司的 170 万个工时相比，美国汽车公司所花费的是 310 万个工时）。此外，日本制造商的团队人数更少（日本 485 名员工 vs 美国 903 名员工），设计时间更短（日本 46.2 个月 vs 美国 60.4 个月）。为什么会这样呢？日本汽车制造商较美国汽车制造商效率更高的根本原因是什么呢？

日本汽车制造商与美国汽车制造商之间的巨大差别之一就是前者采取了集合式并行工程模式。当时，美国汽车设计师们要为诸如一个空调通风孔的设计提出多种方案，接着要立刻选定其中的一种并着手进行细节设计。只有在所有部件的细节设计完成后，才会尝试组装所有部件。然而，接下来他们难免会发现，其中的几处细节设计和整个系统并不匹配，或者组装完成后无法运行。一旦发生这种状况，在整个设计团队开始下一步工作之前，设计师要不就更加细致费力地重新设计方案，要不就等其他人来重新设计。然后就是漫长的等待和拖延。

让我们再来看看日本的集合式并行工程模式。如果日本汽车制造商要设计一个部件，设计团队通常会提出十几个设计方案。然后他们会在更大范围的工程团队中讨论这些方案，看哪个方案在最终的系统中会有最佳的效果。同时，这个团队会逐渐缩小他们将要开发的方案的范围。在进入最终阶段之前，他们会在每一阶段同时保留几种方案。最后，他们可能为了设计的完整性，把潜在可行的一些概念落实到细节设计和样品上。因为持续不断的沟通和不间断的设计、检查和再设计，最后呈现的整体设计会有较少的问题和困难，这种方法让日本汽车设计师们更快地获得了成功。

保留一组替代性设计方案看似成本很高，但是如果正确地加以运用，其实可以更省力，因为失败的成本更高。

苹果公司在研发和发布 iPod 时就意识到了这一点。苹果公司过去坚持在每年 9 月份开一次产品发布会，并且频繁地宣传它们的 iPod 如何比上一代的机身又轻薄了 20%。这都是预先设计好的。

在研发阶段的前几个月内，苹果公司会完整地设计出产品的几个不同版本。通常，它们会保留一组替代方案。例如，会有厚度不同的 iPod，包括与前一年相同厚度的，或者比前一年版本薄 10%、20% 甚至 40% 的。此外，苹果公司经常把来自不同供应商的零件设计进产品里。在尝试设计出 iPod 的不同替代方案后，苹果公司就可以对它们进行评估，并继续研发各种不同的方案。这些替代方案会被保留下来，直到被证明行不通或者没有必要。比如，如果确定了一款更轻薄的 iPod 可行的话，那么与去年一样厚度的版本就是多余的。

在这样做了一年之后，iPod 的研发团队便会削减研发过程中不同类型方案的数量，通常，有几种替代方案会在研发周期内一直被保留至生产阶段。举例来说，他们在设计环节针对触摸芯片（控制触摸屏界面的微型芯片）保留了两个不同的方案。为了区别于之前的产品，苹果把调频无线电广播加入了其中一个 iPod 模型中。调频无线电广播和触摸屏界面使用的频率相似，因此就会出现这样一种情况：当你收听无线电广播时，会在背景声音中听到来自触摸屏界面芯片的微微的嗞嗞声。某家芯片供应商提供的芯片是可以重新编程的，而另一家的芯片则不能。因为苹果有替代方案，研发团队能够对其中一个触摸屏界面重新编程来解决背景杂音的问题，并仍在规定时间内发布 iPod。换言之，假如研发团队在早期没有研发替代方案的话，他们可能就无法完成这项工作了。

因此，当选择承担风险时，保留一组与可预估的风险比例相当的替代方案是非常重要的。正如我们在讨论即刻创新法的章节中提到的，如果某个商业计划失败了，通过即刻创新，你能得到可替代的选择。我们应当正视的是，如果你是在从事创新性的工作，失败是难免的。管理风险是成为具有冒险精神的优秀领导者的重要因素，因为无论是为了避免失败还是为了提升能力，这样做都有好处。在一个领域尝试的次数多了，你也就能更加了解这一领域了。

人才公式配方

如何冒险并取得成功

任何为了启动新冒险或进入新市场而做出的决定都会涉及许多因素。假设 1 000 年前，你是一个面包师的儿子，你打算开始自己的面包生意，或许你身处的环境就能让你了解大部分与生意有关的因素，例如，你生活的小镇上的面包市场规模、面粉的价格以及用面粉制成面包的成本等。然而，如今的情况就大不相同了。如果你能提前知道一些条件，那么你就是幸运的，但是有些条件是未知的。随着我们进入流体经济阶段，日常生活的常规交易变得标准化，仅剩的有利可图的商业机会是某些关键因素并不一定为人所知的生意。许多重要因素可能是非常不明确的，人们甚至都不知道这些重要因素是什么。从这点看，任何企业都会遭遇风险，这些风险源于我们对所进军的商业领域的不了解，或者说我们并不清楚我们需要知道什么。正像 iPod 在研发之初，人们完全无法预想它的成功。然而，在这个充满未知因素的世界里，你该如何冒险？你又能够做些什么来确保承担风险后能获得成功呢？

冒险精神是领导能力的核心。承担风险对奇思妙想的探索来说是至关重要的，而且只有承担风险，人们才能做出真正新颖的东西。毕竟，如果结果是已知的，那它就不新鲜了。

事实上，如果不冒险你就做不出有用的事，也说不出有用的话。比如如果有人问我今天天气是否适合散步，我会说适合。这种回答有出错的风险，但从行动的角度来说，它会导向一个清晰的决定。我还可以有一种备选方案，我可能会说下雨的概率大约在 0 到 100% 之间。这是一个完全准确的表述，但一点实际用处都没有。

鉴于流体经济的变化速度，管理风险并安全地承担风险是流体经济条件下领导风格的关键要素。这意味着领导者必须承认公司的成员面对的风险的确存在，也要接受失败也是过程的一部分这一事实。为了让你的员工拿出最好的表现，他们必须有一种心理安全感，这就需要领导者为整个组织奠定一种基调，即风险和失败没什么大不了。只有当领导者坦然接受风险，并在失败时对员工表示安慰，员工才能有足够的信心分享他们的创意。

像首席创意官一样思考，而不是像首席执行官那样思考。如果执行力可以在很大程度上实现自动化，那么创新则具有决定性作用。这就意味着作为领导，你的任务应该是在全公司范围内发现、鼓舞并支持创新想法。在硅谷，首席创意官和风险投资人会花费大量的时间来为创新者提供机会，即使他们自己并不从事创新工作，出于同样的原因，他们总是积极搜寻好点子并推动其发展。另外，整个公司的员工不只应当把精力投放在自己的创新上，还应该帮助推动别人的创意，只有这样，创意才能开花结果。

团队中 20% 的人员应该是冒险者。在一个以领导者为中心、自上而下的等级制公司中，只接纳那些迎合领导或遵照标准模板行事的人是有其诱惑性的。标准的“公司人”的那种单调乏味的重复，在管理者看来可以推动工作有效地进行，但是在以变化为准则的公司，这样无法获得成功。公司应该有 20% 的员工是大胆的冒险者，是肯打破固有模式的人。要求所有的员工都致力于用不同的方式行事是没有必要的，但是如果不能保证有一定数量的人去冒险，你的团队将缺乏创新和效率。总之，创新和执行力缺一不可。

关注价值的创造而非直接的利润。硅谷的风险投资人和精明的投资者们所寻找的是能够创造价值的公司，而不是创造短期收益的公司。例如，硅谷的风险投资人经常支持的公司往往没有什么盈利，但这些公司拥有强大并持续增长的用户基础，或者令人印象深刻的专利目录。他们支持这些公司是因为知道这两样才是最终能让他们收获成功的关键。我们应该以同样的方式来衡量员工和公司所做出的努力。如果一个人进行了创新，并得出了有价值的新想法，那么对公司来说，这可能比此人在当下执行某一决策而赚取的短期收益更有价值。因此，我们应该在这些维度评估、提升员工并衡量他们的价值。

给每个人权益或股票，因为每个人都对组织的成功负责。最后这条规则实际上是一种思维模式。给予为公司贡献了价值的员工丰厚的奖励对于公司长期的成功有着重要的影响。这意味着新创企业应该为那些创造了价值的员工保留一部分资产。如果不这样做，你就等于把自己最具创新力、最有能力和最能创造价值的员工拱手让人了。即使公司发展得比较成熟了，确保公司的所有权并不局限于几个人仍然很重要。在任何一个正常运转的公司，总会有“共苦”的时候，因此必须有“同甘”的意识。“你是所有者”这种发自肺腑的提醒更容易让人做出艰难但对公司负责的决定。当权益和股票成为公司带来的共同回报的要素时，公司文化中有关共担责任、共同牺牲的意识就会得到强化，这就会让公司更有能力直面我们所有人都将要面对的变化。

在流体经济中，指望员工不出错是徒劳的，期望员工能够不断接受被评估过的风险反倒更有用。从实践的角度来看，这就意味着你必须与你的员工建立起彼此的信任。这种信任源于对员工做事会以整个公司的最大利益为先的自信，即便公司可能无法完全理解员工正在做的事情。这种信任意味着即使冒险失败，公司仍然相信并不是因为团队中的人没有竭尽所能，而是因为整个商业环境不利于想法的实现。

多变的未来要求我们把人放在一切行为的中心。这就意味着，领导者必须准备好承担风险，无论这种风险是与员工有关还是与他们提议的风险事业有关。如果领导者无法承担评估过的风险，他们就不能推出有趣的产品，更严重的是，他们将无法培养和挽留最有价值的员工。

通过设定一个高目标，
你的团队是否在成长壮大？

第五章

“如何”企业文化

造雨人和实施人

美国工程师、科学家罗伯特·戈尔在1958年创立了戈尔公司，这家跨国制造公司坚持采用以团队为基础的扁平网状组织结构，这种鼓励个人的主动性和所有同事间的互动性的组织结构与当时大部分公司的管理结构大相径庭。这家私有制公司最著名的就是其在电子产品、纺织品（例如戈尔特斯面料和吉他弦）、工业产品及医疗用品4个领域创造了革新性的技术驱动型解决方案。今天，戈尔公司有超过1万名员工，这些员工在戈尔公司被称为“合伙人”，而不是雇员。

在戈尔公司，传统的组织结构、指挥链和等级制的沟通渠道统统不存在，因为戈尔公司的管理层坚信，人与人之间的直接交流可以让团队的每个成员在为公司做出贡献的同时担负起责任，并追求自我价值。最开始，戈尔公司的员工入职后，会先被安排在通用工作区工作，之后，在“保证人”而非老板的指导下，合伙人会承担与他们的技能相匹配的项目。这种充满自由和自治的工作环境可以促使推动实现公司目标的拥有特定知识、技能或经验的领导者慢慢崭露头角。

戈尔公司有4项“戈尔文化”原则：

- 对接触的每个人都公平公正
- 有鼓励、帮助和允许其他同事增长知识、技能和扩大责任范围的自由
- 拥有做出承诺并履行承诺的能力
- 在采取可能影响公司声誉的行动之前向其他同事进行咨询

在2012年10月的*Fast Company*（美国知名商业杂志）中有一篇题为《戈尔公司的“非首席执行官”泰瑞·凯莉谈如何应对混乱：成长》的文章。在这篇文章中，戈尔公司现任首席执行官凯莉谈道，戈尔公司并不一定将重点放在提升组织效能上。她说：“我宁可从创造力的角度来应对这个挑战，然后围绕着创造力建立公司，而不是想着如何让创造力凭空出现。”她继续说道：“我们一直都在争论，这样做是不是越界了？是不是太刻板了？我们并

不想在这个过程中失去创造力和精气神，但我们想创造一个更大的架构和体系。”正是这种文化思维模式能最大限度地发挥合伙人的潜能，同时关注产品的改良，培育充满创造力的环境。

“我们有‘造雨人’和‘实施人’两种角色。”凯莉解释道，“‘造雨人’负责提出疯狂的想法，‘实施人’使这些想法成真。这两种角色会让彼此抓狂。如果不小心，控制权会偏向‘实施人’，所以，我们努力保护着‘造雨人’。这意味着，我们必须适应更多的混乱。”

凯莉相信，透明度会建立信任，即便信任是妨碍人们创造和革新的首要障碍。这条准则在戈尔公司的效果还不错。不仅如此，戈尔公司甚至并不介意承认失败和错误。在2006年，全球领先的医疗科技服务公司美敦力起诉戈尔公司，称其侵犯了美敦力公司5项与血管支架（撑开动脉的极小导管）有关的专利。戈尔公司不仅没有在内部避讳相关的争论，还向整个公司做了说明。凯莉说：“一些公司尝试自我保护，结果太多信息被过滤掉了，员工也会离心。特别是年轻一代，他们接触大量的信息，并希望这些信息是未经筛选的。大家都在讨论你，如果你试图控制他们的讨论，那么后患是无穷的。”

戈尔公司就是“如何”企业文化的绝佳例证，这种文化的重点并不在于你做什么生意，而是你如何把事情做成。你如何让拥有出色想法的员工在一个安全的环境里发展、完善这些想法，并远离等级制的负担？你如何在一个充满信任的环境中起步，并参考创造性目标、生产力和总体成果来衡量结果，而不是仅仅以时间为参考？

颠覆造就的文化转变

从定义来说，文化是一个公司内的成员采取的一套行动原则，不论这套行动原则是否与他们的价值观一致。公司内的成员会被灌输这种文化，也不可避免地学习如何在这种文化中更好地履行自己的职责，而且，奇怪的是，在新鲜或不同的事物被引入时，他们通常会因为信任的缺失或恐惧而抗拒改变。从人类的本性角度来说，人们更容易恢复旧习惯。因此，产生文化上的改变本来就很困难，问题也会特别多，以致只有在公司遇到其他更大的颠覆情况时改变才有可能实现，比如在被收购或是联合运营的情况下，文化才会超越常规地发展。

以新联合汽车制造公司为例，新联合汽车制造公司是1984—2010年由通用汽车公司和丰田汽车公司共同拥有的汽车制造工厂。在联合运营之前，新联合汽车制造公司是通用汽车公司独有的工厂，当时管理层和流水线工人之间的敌对状态非常严重。当时工人有许多鲁莽行为，比如为了暂停生产看球赛，工人故意在有球赛的晚上在工厂放火。更恶劣的是，工人在知情的情况下在流水线上添加有瑕疵的零件，有些零件甚至会危及驾驶者的生命安全。新联合汽车制造公司工厂的产品质量和生产力在通用汽车公司网络里是最差的，管理层曾经尝试过改变工厂的文化氛围，但最终工厂因为多年的表现不佳而被关闭，所有员工也被解雇了。在通用汽车公司和丰田汽车公司就联合运营达成一致后，新联合汽车制造公司重新开张。令人惊讶的是，来自丰田汽车公司的新管理层重新聘用了之前为通用汽车公司工作的那些工人。因为工厂已经历了一次重大变革，改变企业文化不仅是可能的，更是受欢迎的。新联合汽车制造公司从整个通用汽车公司网络里表现最差的工厂一跃变成了表现最好的，工会全体人员和管理层的关系一直都不错，直到工厂在 2008 年金融危机时再度关闭。对于很多像 20 世纪 50 年代的丰田汽车公司和 2008 年的通用汽车公司这样的公司来说，改变企业文化注定是不可能的，除非这些公司面临破产的威胁。所以很多时候，需要有变革性的颠覆来清晰地传达一个信息：老规矩不再适用了。

在对 Vorto Consulting 做的创新实践中，我们寻找到一个可以利用的变革来向组织注入为了生存和繁荣所需的文化转变。有时，我们为了转变企业文化会进行裁员，这种情况总是令人遗憾的。虽然我们极少会主动寻求裁员，但将公司作为一个整体考虑时，这可以非常有效地促使公司对运营模式做出不同的思考。

颠覆通常是必需的，但永远都不会够。有冒险意识的管理层和我们稍后将讨论的榜样塑造都是最基本的，除此之外，学习和了解一些未来文化所需的工具也同样重要。通常来说，我们遇到的组织都是向下开展其培训，在这种部局方式下，高管们培训手下的员工，然后这些员工再培训他们手下的员工。这种方式可以达成两个目标：

- 确保管理者全面地掌握培训内容的所有概念，很少会有人在给别人讲他们不懂的内容时觉得自在；要求管理者去培训员工意味着他们需要在培训期间全神贯注，并以身作则，这也是为什么培训别人往往比只是受训令人收获更多
- 向管理者的下属们传达了一条潜在的信息：这些概念需要被认真对待，而且让领导者和下属之间的对话直截了当地进入“如何把理论付诸实践”的阶段

在人才公式里，你必须创造这样一种文化：让员工去做最好的、最真实的自己，并在这个过程中展示出与他人合作的意愿。这种文化更多的是接受员工的独一无二，而不是把重点放在教育背景或性别、身高、外表、种族、经验、年龄等文化特征上。如果把重点放在员工的热情、专长、兴趣（他们工作之余做什么）和不同的思维模式上会如何呢？

伦敦商学院的组织行为教授丹·凯布的一个实验表明，如果员工在工作时感觉到表达真实自我是受到欢迎的，他们会有更高的公司忠诚度、更佳的个人表现，也更愿意去帮助别人。长久以来，我们一直关注的都是与我们长得相像的、上过同一所学校的、握手力度或者眼神交流方式相似的、思维方式和智力相近的人。然而，这些特征对于一个人提出重要想法的潜力来说是没有衡量价值的，如果有的话，你的公司可能已经错过了一位“爱因斯坦”。在1895年，16岁的爱因斯坦参加了苏黎世的瑞士联邦理工学院的提前录取考试，但没有通过。他通过了考试中的数学和科学两科，但历史、语言和地理等科目，他答得一团糟。美国广播公司科学频道的卡尔·克鲁谢尼基教授说，爱因斯坦不得不重返高中，终于在一年后被瑞士联邦理工学院录取。即使在毕业以后，爱因斯坦还是没能评上教授，只能在瑞士伯尔尼的联邦专利局做个三级审查员助手。直到 1911 年，爱因斯坦才成为布拉格的查理大学的全职教授。

人才公式配方

“如何”企业文化可以限制你对有别于你的人做出不合理的判断，并使你接纳更多的差异。为了做到这一点，你需要一种方法来灌输这种思想。通常，在一个等级制组织中，这一点可以通过提出设想、发布任务、创造价值和设计由组织高层指导、在整个组织内部传播的战略宣言来实现。在“如何”企业文化中，你只需要用你的价值观来领导员工。不是通过传统的使命宣言，而是通过可以被讨论并持续被整合的非正式规范。一旦这些价值观被员工清楚明了地接受并采纳，你就可以期待组织能实现以下几点：

从建立信任开始，直到你有不再信任的理由。我们在前面的章节已经强调了信任的重要性，而且我们会一直强调下去。信任可以成就一个组织，也可以摧毁一个组织。然而，建立信任的重要性很少会被提及。我们相信，在流体经济中，没有什么比信任更加重要。

黛博拉在墨西哥莱昂市的蒙特雷科技大学的高管教育项目中

给 50 名来自制造产业的首席执行官讲授创新过程（并强调信任的重要性）时，一个高管问黛博拉：“这个房间里的人都不信任彼此，你如何期望我们可以合作呢？”黛博拉给出了两个选择：你可以无动于衷，然后继续失去市场份额（当时他们讲的案例是一家制鞋企业的市场份额正在逐渐被中国的竞争对手抢占），或者，你可以换一种思考双方如何合作共赢的思维模式。选择一个人并与其合作，从建立信任开始（直到你有理由不再信任下去），并成为别人可以效仿的榜样。

20% 的参与度。企业发展集团的负责人拉兹洛·哲非说：“我通过观察发现，如果你邀请整个业务小组、部门或是整个企业去创新，基本上参与某种形式的创新活动（比如提出创新想法、研究商业案例或设计样品）的人数都在 20% 左右。”他继续说道：“20% 可能听起来不是很多，但通常这是一个企业有能力应对的变革的比例。我认为，就做出贡献的人员而言，这 20% 是流动的。换句话说，这个百分比也许不变，但在不同的时期参与的人是不同的。我相信每个人都有提出好创意的潜能。”根据拉兹洛所说，在很多情况下，一个员工可能会想：“我有个特别棒的想法，在今年 1—4 月做一下研究，但可能之后几个月都不会去做任何新的东西。”有了拉兹洛的这个观点，我们在大部分企业中都找到了连续的“内部创业者”。他们是忍不住会发现问题和机会的人，因为他们必须解决问题或把握机会。这些人总是在捍卫一些事情，也应该得到一定的培养和支持，这样他们才能安心地提出他们的想法，不用担心被批评、被束手束脚，或者是被解雇。这些才是核心的创业者、冒险家类型的人才，他们为公司的创新“引擎”提供了源源不断的燃料。

20% 的时间。给员工每周 1 天或是每天 1.5 个小时的时间远离工作，去探索并研究与他们工作有关或无关的创意。在流体经济里，没有人能免受干扰，任何人都有可能进入你的业务范围，即便他们现在还没有进入。你的员工需要仔细考虑他们的想法并学习如何逐步改善这些想法，也许还要思考下一个大创意。在前一章讲到的苹果公司的轶事中，没有人预料到一家电脑公司会进化成一家消费类电子产品公司，而且全球消费者对 iPod 的认可和支持也绝对出人意料。假如托尼·法戴尔和他的团队没有自由和时间去做实验，去测试出无数失败的模型，然后获得成功，我们今天也不可能享受 iPod 带来的乐趣和便利。要鼓励员工走出办公室，呼吸新鲜空气，并花时间做一些他们喜欢的事情，但同时也要设计一个可以启发他们灵感或进步的方法，比如第 2 章讨论过的十二步即刻创新法。

提倡建立内部人际关系并丰富创意。大型组织的重大挑战之一就是让不同部门或工作区域的员工交际互动。不解决这个难题对于每个员工的潜力都是巨大的损失，因为通过交流不同的技能和爱好，大家有很多的机会从彼此身上学习到更多。

“如何”企业文化培养一种构思过程。在这个过程中，每天不在一起工作的员工应该拥有聚在一起并丰富彼此创意的机会。在黛博拉的《风险因素》中，她提到了数据存储公司 NetApp 鼓励员工提出新创意，并允许他们在向自己的部门提出创意以求获得批准和预算前，去其他部门寻找改进创意的方法。

“好，那么……”的语言。在《风险因素》中，黛博拉写到了戴维在运营加利福尼亚州山景城的黑客道场机器人团队时，每周末都会有一群机器人业余爱好者聚在一起制造机器人。这个志愿者小组每周六聚会，成员是各种有趣的人：一名美国国家航空航天局退休科学家，一名编写了早期计算机工作站中最有难度的部分软件的高级工程师，一名早在青少年时期就成立了咨询公司的早熟软件工程师，还有一位已退休的洛克希德·马丁公司的卫星制导系统工程师。尽管这支团队热情高涨，但他们面临一个非常重要的挑战：没有出色的导航系统，机器人并不知道它们在哪。

已退休的洛克希德·马丁公司的工程师有一个应对这个问题

的想法。卫星通过观察星体的布局解决了类似的问题，他推论如果用同样的方法，机器人可以通过天花板的灯来判断其所在位置。在几周的努力后，退休的工程师拿回来了一个光敏元件，它被嵌在木头上，装置有一部分连着一个被涂黑的塑料瓶。戴维看着这个手工制品的时候，他想的是："这明显没什么用。"但是他没有给出这种毫无帮助的即时反应，他想着"好，那么……"的概念，深吸了一口气，然后说："好，下一步怎么做？"

退休工程师很快就抛弃了黑塑料瓶这个方案，但也很快构思了以现有的摄像头为基础的系统。几周后，戴维惊讶地看着退休工程师展示能够参照天花板的灯做出反馈的系统，这个系统可以精确到厘米。

不要对创新想法做出负面的反应，因为提出这些创新想法的人是最脆弱也是最可能被拒绝伤害的人。否定的情绪，通常会导致否定的答案，这对于刚把自己置于推动新创意的脆弱境地里的人来说是非常残酷的。而对于那些本来要继续在构想美好未来的思维过程中全力以赴的人来说，愤怒的情绪一定是非常危险的。妥协常被认为会减弱一个富有活力的思想的火苗，而沮丧和其他负面情绪只会熄灭可以迸发出新创意的火星。那么，以创新为导向的人应该如何做呢？我称这种方法为"好，那么……"语言。

在“好，那么……”语言中，当有人告诉你一个新想法的时候，你用肯定的语气回应他，然后尝试把话题转向可以让公司收获更多的方向，或是用让公司受益更多的方式来丰富这个想法。这可以达到以下两个目的：

- 帮助你把创意整合进你自己的思维中。“好，那么……”的概念是一个可以强迫你去全面地思考如何利用该创意的有效策略。这个概念并不会消除最终否决这个创意的可能性，但可以让你从拒绝的负面情绪转到对这个想法的分析和完善上来
- 鼓励提出建议者想出一个更长远、更丰富、更深刻的创意，让更多的进展成为可能

“那么……”之后是什么？你的“那么……”应该囊括所有对这个创意的忧虑，并提出可以让创意像长了腿一样向前迈进的下一步建议。

创新非常脆弱，因为创新的本质就是不确定的。正如我们之前所讲，如果你知道结果是什么，那就不叫创新了。同样，显而易见的解决方案肯定不是能改变“游戏规则”的创新，真正的创

新性解决方案也绝不会显而易见。这也就意味着，在这个世界上，对创新最正常的反应就是说“不”，但这对于鼓励更多创新来说，也是最有破坏力的。

爱因斯坦说：“如果一个想法在最初并不荒谬，那它就没希望。”

创新往往需要探索全新且未被涉足的领域。从定义来说，创新意味着到达前任创新者未曾到达的地方。如果一个人有创新精神，他会一直尝试没有人做过的事情，或是其他人试过但失败了的事情。最开始对一个想法的尝试常常是没有任何价值的，但在尝试的过程中，创新者可能会激励其他人产生一些可能比最初的概念稍稍有价值的观点，这些观点会引发其他更好的想法。所以，一个真正好的点子往往只能通过对很多没有价值的想法的积极探索来发现。即便如此，你可能还得有极大的运气才能发现真正可以超越以往的成功想法。这个过程有风险，很艰难，而且充满危险。

考虑到这些压倒性的不利条件，尝试提出新想法并能推进一个真正有价值的新想法的概率有多大？如果一个想法真的非常有创新性，也确实涉及了未被涉足的领域，如何才能肯定地知道这个想法是好还是坏？还是引用爱因斯坦的那句话，“如果一个想法在最初并不荒谬，那它就没希望”。

创新的人必然会提出缺少明显价值的想法，并期望这些想法只是一开始看着荒谬，其实仍有一线希望成功。批评这些想法，并抓住这些想法暴露出来的弱点不放是很容易的，但这样做会导致被批评的人不再冒这种风险，公司就会面临缺乏开放性思维，并让最好的头脑罢工的威胁。

4 分钟跑 1 英里是无法突破的

生理极限，还是思维极限？

第六章

只需要一个榜样

几千年来，4 分钟跑 1 英里一直被认为是无法突破的生理极限。古希腊教练为了攻克这个难题做出了很多努力。他们在运动员富含肉类和鱼类的饮食（颇受欢迎）中增加了狮子乳，以期运动员增加更多力量，但并无成效；他们甚至还借助了野兽和愤怒的公牛，让这些动物追着运动员跑，以求加快运动员的速度，但也没有成功。于是，他们得出结论：4 分钟跑 1 英里是无法突破的生理极限。他们的依据是，人类的肺天生能力有限，风的阻力也过大。还有一种说法是，奋力尝试这种“壮举”其实非常危险，会导致心脏衰竭、骨头粉碎、肌肉与骨骼分离。这些结论一直到近代竞技体育时期都被人们深信不疑。然而，第二次世界大战后，有人创造了一项世界纪录，且很多年都没有被打破——跑 1 英里用时 3 分 59 秒 4。

罗杰·班尼斯特是一位很有天赋的英国运动员，也是牛津大学的医学专业学生。在 1952 年芬兰赫尔辛基奥运会铩羽而归后，他将目光投向了4分钟跑1英里这个不可能完成的任务，他希望能够洗刷自己这次被广为宣传的失败的污点。

在好几个月的时间里，他一直想象着成功的那一刻，想象在4分钟内跑完1英里是什么样的。用这种方式，他尝试对结果建立了确定性。在训练中，他善于分析且意志坚定。之后，他专心备战在他的主场牛津伊夫利路举行的一场小型赛跑。

1954年5月6日这一天，风很大而且天气很冷，这条小跑道勉强容纳了来观看比赛的3 000名观众。发令枪一响，一组精英运动员便开始了这场被载入史册的比赛。在预先计划好的分组中，班尼斯特位于未来英联邦运动会金牌得主克里斯·查特威和未来奥运会金牌得主克里斯·布拉斯这两位领跑人中间。跑了半英里后，第二位领跑人取代了第一位领跑人，跑在最前面。又过了1/4英里后，第二位领跑人也因为力竭而离队了。现在，只需要班尼斯特一鼓作气做最后的冲刺了。所以他拉大了步伐，并加快了速度。与生俱来的天赋和多年训练培养出的能力结合在一起，成了一种美妙且流畅的节奏，推动着班尼斯特向前跑。跑鞋0.75英寸[①]长的鞋钉刺破了煤渣跑道，他最后的动作就是飞跃终点线，然

① 1英寸=2.54厘米。——编者注

后筋疲力尽地倒下。

本来随着比赛的白热化，观众欢呼声越来越高，但此时，所有人都屏住了呼吸，等待比赛组织方宣布比赛用时。不过，这种安静没有持续多久，因为当用时的首位数字被读出来时，现场就乱成了一团。大部分人都没有完整地听到班尼斯特的用时是 3 分 59 秒 4。

也许关于这次破纪录最让人惊讶的一点就是这个纪录很快又被打破了。仅仅 46 天后，来自澳大利亚的约翰 · 兰迪创造了 3 分 58 秒的纪录。在班尼斯特和兰迪的胜利广为人知后，在一年半的时间里，有好几位运动员的用时都少于 4 分钟。显然，4 分钟跑 1 英里的障碍主要是思维的障碍。

什么能激活员工

在大型的等级制公司里，很难想象除了高管之外的任何人能让整个公司向某个特定的方向发展。但是，正如罗杰 · 班尼斯特的故事所说明的，在非等级制的公司里，只需要有一个榜样，其他人就会效仿、相信并采取行动。为了能让员工行动起来，需要让员工相信几件事：

- 有利可图
- 他们有机会获得这种利益
- 一旦给了他们机会，他们有能力获得这种利益

很多人都没法相信他们能做成一些事情，这种心态可能会造成他们的犹豫和退缩。那些能力出众的赛跑运动员似乎无法克服4分钟跑1英里的极限，但当罗杰·班尼斯特做到之后，他们也做到了。同样，这种心态在我们的组织中也非常普遍，很多人都深受这种心态的打击，认为自己不能做领导者。的确，等级制组织的设计初衷就是制造这种感觉。在等级制组织中，只有一个总领导，而且因为绝大部分人都不会坐到那个位置，这个系统就给人一种升到最高层绝无可能的感觉。但这种感觉在我们提倡的以人为中心的组织中并不是必要的，甚至一点都不重要，因为领导层来自一线，做总领导并没有那么重要。在以人为中心的组织里，往往只需要一个榜样就可以让别人意识到：有一些事情是可能的。

榜样的力量

我们之前分享过，戴维的身高是6尺9寸，作为牛津大学的

前赛艇运动员，他的手上至今仍有明显的老茧。在2004年，他还有幸参加了奥运会选拔赛。不过对于黛博拉来说，她更感兴趣的是戴维是如何熬过了严格的训练，变得相信一切皆有可能，并在最后获得了必然的成功，实现了大胆的目标的。

戴维回忆道："在训练时，我们从左到右按照从最快到最慢的顺序列队使用相应的划船运动器。我们拼尽了全力，快速超过了我们的无氧阈值，并达到每块肌肉都迫切需要氧气，而身体告诉我们的头脑'不能再继续了'的那种程度……这种训练很残酷，而且测试的不仅仅是我的身体素质，还像许多其他的体育运动一样测试着我的精神。"

当戴维开始划赛艇后，他的用时越来越短，直到他成为最快的那个，开始用最左边的划船运动器。尽管他的成绩非常出色，却没有继续提高，只是偶尔会加快1秒。有一天，一个身高6尺8寸的年轻力壮的赛艇运动员出现在了船库。

戴维马上就发现他变成了第二，比第一慢了5秒钟。然后，事情很快又出现了转机。在接下来的1周，戴维的速度变快了。突然之间，他比原来快了5秒；又过了1周，又快了9秒；然后在第3周，他比之前自己最好的成绩快了19秒。在这短短3周时间里，他的成绩从一个不错的赛艇俱乐部运动员的级别提高到了能够加入英国赛艇队参加奥运会选拔赛的程度。

即使通过高强度的训练，3 周时间也绝不可能产生这么大的生理变化，我们更没法解释戴维成绩的进步。真正的变化全部在戴维的脑袋里。

根据戴维所说，为了让变化发生，人们一定要发自肺腑且真实地相信进步是可能的和必要的。有时候，仅仅是达到某种智力水平并不够。戴维当时知道有几个运动员比他快，但直到真正坐在一个比他快的人旁边，他才感受到了变化。

在之后的职业生涯里，戴维让一家多年经营不善的半导体晶片工厂成功转型。他花了很多时间，开了很多会议审查业绩表现不佳的基准数据。问题在于，工厂的领导层没有人有做出改变的欲望。直到工厂员工流失，这种思维模式才开始改变，领导层才愿意去做可以改善业绩的事，并最终使工厂免于倒闭。

“只需要一个榜样”的思维模式

正如罗杰·班尼斯特的故事，或者戴维的赛艇比赛经验所示，树立榜样是非常有力的可以释放“可能”信仰的方法。为了让人们真正行动起来，对于“可能”的信仰必须从智力上的理解扩展为情感上和主观的内化。亲眼见到某个人就在你的身边做着“不可能的事”非常重要，因为这可以让你结合你的感性情感和理性认识，并采取类似的行动。通常来说，没有这样的榜样，就没有任何行动。戴维很长时间都在划最左边的划船运动器，但他的训练并没有提高他的成绩，直到有一个榜样出现。罗杰·班尼斯特在真正成功之前，用了数月设想成功的画面，而其他人，明明有可以跑得更快的生理条件，却只在知道班尼斯特的故事之后才能做到。只有榜样能够缩短对于未来的漫长沉思，并让思想先看到未来。

思维模式经验 1：尽管生理和制度限制很重要，精神或情感因素在需要更佳表现时更重要，也通常起决定性作用。

戴维的赛艇经验中不存在红利计划或奖金，在这个阶段也没有现金奖励。但是，在每一季度，戴维的教练都会为每个赛艇运动员量身制订“香槟目标”——达到目标的人可以赢得一瓶品质不错的香槟。每个运动员在整个季度的目标是不变的，所以他们在最后会比目标差个三四秒。简单来说，目标几乎是无法达到的，这点没有被掩饰，运动员们都知道这一点。

据戴维回忆，这样做的结果就是，每个运动员都得到了巨大的推动力。每一次有人接近目标的时候，他都会被激起尽最后一次努力的斗志。这为确保成功提供了持续不断的动力。

戴维发现最有价值的事在于，设立目标的目的并不是激励大家去达到某一特定的标准，而是挑战每一个人，让他们表现出最好的自己。这种挑战没有惩罚，实现不了也没有什么后果——如果没有买房子，也就不会有“没钱付款”这种事。但这种挑战的意义不同寻常——目标看似只超过能力范围一点点时，恰恰能激发每个人最大的潜力。

思维模式经验 2：进步来自向更好发起的挑战。

继赛艇运动员的生涯后，戴维成了一名赛艇教练，并和一位美国国家赛艇退役运动员一起指导赛艇队。他们指导的其中一支赛艇队的队员并没有与生俱来的运动天赋，但他们对改造这支赛艇队非常感兴趣，他们希望这支队伍在一年之内能为参加英国剑桥的几场特定的夏季赛做好准备。

戴维对他的运动员非常严格，就像他以前的教练一样。他的训练制度包括许多基础的心肺适应训练，以及训练运动员们如何逼自己超越自己的无氧阈值。在这种强度下，有一个赛艇运动员在前3个月里减掉了30磅[①]。尽管这种训练制度过于严格，但戴维很谨慎地确保自己牢记运动员的兴趣是最重要的这一信条。他常常努力坚持“他会为他的队员做正确的事”的想法，因为他知道这样做可以让他在他的教练生涯中做出正确的决定。

但这并不意味着训练会变得简单，事实恰恰相反，训练会变得非常艰难且有纪律性，因为这是实现他们努力达到的目标的唯一途径。多年后，戴维带过的运动员还会写信给他，告诉他自己的人生是如何因他而改变，以及自己现在仍然在接受训练。

思维模式经验3：转变思维模式会很难也应该很难，但考虑到你在乎的事情和什么对被改变的人最为合适，你必须始终这样做。

对于罗杰·班尼斯特来说，他在赫尔辛基的失利迫使他去追求被认为不可能的事。对戴维来说，“香槟目标”是为每个人单独设定的，如果目标与个人条件不相称，那对于挑战者来说可能就没有效果。“人才公式”的目标也必须是为单独的个体设定的。

① 1磅=0.4536千克。——编者注

人是环境的产物

榜样很重要，是因为他们代表了在我们之前发生的一切。著名的英国社会学家和哲学家赫伯特·斯宾塞问："如果过去的丰富经历没有流传下来，成为他宝贵的精神财富……莎士比亚会写出什么样的戏剧？"一个更现代的例子就是史蒂夫·乔布斯。当乔布斯从里德学院退学后，他还常常回到学院，旁听他感兴趣的课程。当时，里德学院有全国最好的艺术字课程。据史蒂夫说，"每张海报，每个抽屉的标签上都是非常漂亮的手写艺术字"。他决定他要学习如何写艺术字，于是，他去里德学院上课并学习了衬线体和非衬线体字体，以及如何设计不同字母间的间距。乔布斯说，他明白了"好的排版好在哪里，而且那种美感、历史感和精妙的艺术感是科学无法捕捉到的"。

所有这些知识都在10年后融合进了苹果电脑中，而且因为这一点，苹果电脑在桌面出版占据了主导地位。现在，上文提到的赫伯特·斯宾塞问题的现代版本变成了："假如史蒂夫·乔布斯不是在硅谷长大，没有机会组装电子元件，也没在里德学院学习艺术字，他还能够成功设计出世界上最成功的桌面出版系统之一吗？"

我们都是环境的产物，正因如此，在我们想要注入活力的组织中，必须树立供人们效仿的榜样。只有这样做，我们才能激励组织成员去创造卓越，并有所成就。如果我们组织的目标就是追求伟大，那我们必须为组织打好基础，让组织成员接触到先例，帮助他们成就不凡。

能够带路的开拓者有至关重要的影响力，可以帮助人们有所成就。像罗杰·班尼斯特一样的开拓者也开创了突破性的思维，因为他们让我们想看到的改变既真实又真切。开拓者同样代表了，甚至在某种程度上传承了前人的影响力，也因此他们使伟大成为可能。

无限的人类

伟大能有多“大”？公元前 8 世纪“伟大的”的古希腊城邦有不到 100 万人口，这代表了同时期任何人所能拥有的最大的势力范围。1 000 年前，一个“伟大的”国王可能拥有影响一两百万人的权力。但是，现代企业可以触及数十亿人的生活。比如，谷歌和脸书的产品有超过 10 亿的用户。在人类努力耕耘的其他领域里，现代人的能力已经远远超过了我们的先辈。这一部分是因为科技，一部分是因为我们领先的知识。

今天，一名有经验的帆船运动员可以平稳地穿越大西洋，事实上，连高中生都曾完成过这项壮举。但仅仅500年前，这可能是需要倾尽举国之力才能实现的丰功伟绩。今天，高中生可以用手机做出让一个世纪前最优秀的数学家都觉得不可思议的计算；这些高中生甚至已经把气球送到了大气层的边缘，制造出了可以在空中飞行数千米的火箭。我们很确定，在之后的100年里，当流体经济蓬勃发展的时候，那时候的高中生会做出令今日最天才的人都难以置信的事。这也是为什么我们仍然相信，人类的能力终将是没有界限的。人类生来就有摘星之志和对伟大的追求。不过，如果在我们之前没有榜样横渡大西洋，向大气层放飞气球或发射火箭，或者做复杂计算的这些举动，我们今天仍然做不到。无论100年后的人做出了什么非凡的事情，都要归功于活在今天的榜样们。

人才公式配方

由于以人为中心的企业的目标是削弱高管的重要性，所以树立以同辈为导向的榜样就变得至关重要。创造一种凸显同辈榜样的环境很重要。这些开拓者必须得到重视，并被单独嘉奖，这样做的目的不单单是为了激励他们，而是去鼓励其他人。在一家公司里，比起只有一小部分榜样高高在上，有成千上万个榜样会更好。这样，我们就能够创造一种环境，让员工能够做当下看起来不可思议的事。而相应的结果就是，我们能够探索人类无限的潜能。

简单地说，选拔最优秀的富有冒险精神的特立独行者是创新文化很重要的一部分。将公司文化转变成这样的文化需要榜样、训练和我们在第 5 章“‘如何’企业文化”中讲到的颠覆。我们应该努力把特立独行者转化为榜样。为发现和强化榜样的力量，花精力提拔他们并让他们担任高级职务很重要。即便他们有引起混乱的倾向，也要允许他们在前面开路。这样可以刺激人们在日常工作之外去做非同寻常的事。

你在嘉奖杰出的人才吗？

胡佛纪念塔，斯坦福大学

第七章

走出舒适区

2007年，两位工业设计师布莱恩·切斯基和乔·杰比亚在付不出房租的情况下，决定设计一个简单的网站来出租阁楼里的几张气垫床，还承诺提供自制早餐。他们选择了在一个设计大会举行时推出这个出租活动，并给网站起名为“气垫床 & 早餐”。刚开始，他们努力的成效有限，只有3张床垫以每张80美元的价格被租下来，但他们继续完善着这个理念，并找到了一个合伙人来设计一个更加高级、复杂的网站。

他们的朋友或多或少曾直白地劝过他们，说他们在努力维持网络运营的同时应该做些副业。于是，在2008年，为了筹集资金来证明这个想法的价值，布莱恩和乔重新设计了麦片盒的包装，将其改名为“奥巴马麦片”，并在科罗拉多州丹佛举行的民主党全国大会上以“变革之早餐”为名，按每盒40美元的价格出售。这个噱头为他们募集到了3万美元，但这些钱依然只是勉强够用。尽管他们别具一格的筹款活动很成功，网站依然在运行，预订也断断续续，但他们仍然没有足够的收益维持运转。在他们声称的真正的“低谷”期，他们甚至被逼无奈地把剩下的麦片当作口粮。不过，不久之后，他们就从 Y Combinator（硅谷著名的创业孵化器）那里获得了第一笔种子资金。这笔资金让他们得以安心设计网站。在将网站更名为爱彼迎并进一步对网站加以完善后，在 2009 年，他们又获得了红杉资本和风险投资机构 Y Ventures 的投资。

在布莱恩决定亲自体验爱彼迎的服务，作为房客选择爱彼迎的房源后，爱彼迎真正意义上的成功才正式开始。自那以后，即使布莱恩已经有了足够的钱建自己的宅邸，他还是一直旅行并住在爱彼迎的房源里，也一直没有放弃他自己的公寓。爱彼迎一直在持续壮大，如今的估值已经超过了 200 亿美元。

像爱彼迎这种由意志坚定且为了实现想法不惜一切的人掌舵的新创企业在硅谷是会被传颂的传奇故事。但为什么极少有人有这样的视野、自律、勇气和毅力去做这样的事呢？

回想一下我们大部分人的成长轨迹——刚刚上学时，老师拥有所有答案。从很小的时候开始，我们就被告诉做什么，还有该如何思考。我们的周围充斥着规矩，并且需要我们牢牢遵守。直到高中，我们依然如此。即使到了大学，也总是期望会有人告诉我们答案是什么。

长大成人后，大部分人都进了大公司，有一个指挥他们行动并规定了界限的老板。如果你成功遵守规定，会得到一定奖励；如果做不到，就会受到惩罚。通常，公司为了获得所需的那类表现，会设计一些结构化的规定和流程。

考虑到大部分人都过着这种结构化的平凡生活，而且一辈子都是这样过的，他们对创业这种没有任何指导的活动感到吃惊并不奇怪，而他们觉得试图解决类似爱彼迎所解决的问题看似很不正常也在情理之中。从定义来说，创新需要与众不同和对既定认知的否定。如果你知道让某个产品获得成功的所有须知的事情，那根本就不是创新。大部分人从来没有应对过这种不确定性，也没有应对过这种难题，他们无法设想如何用非常规的方法操作，他们已经变得软弱。总之，我们已经将我们文明社会里的人训练到做不出创新的事了。

所以，我们如何让人们从他们已经习以为常的社会构建的框架中走出来呢？全世界的军队都会定期让士兵到野外接受训练，而顶尖的军队更擅长使士兵得到更好的个人发展。他们把一直被保护的年轻人带走，并教他们如何在困难艰苦的生存环境和充满敌意的异国生存并战斗。他们使用的关键方法之一就是引入难度越来越高的挑战，直到士兵能够完成交给他们的艰巨任务。

举例来说，训练最开始可能只是艰苦的户外野营。接着，可能会取消可见光，为了将被察觉到的概率降到最低。然后，训练会升级为在洞里野营——士兵们需要在地上挖洞，然后在夜间巡逻和演习。在仅仅几周的训练结束后，新兵们已经能做到不久之前还自认为不可能做到的事情。

不断提高挑战的难度，并设定人们会因此不断发展并变得强大的期望，这在人们的成长过程中至关重要。如果我们要拥有一个以人为中心的企业，授权员工参与可以开阔他们视野的新业务是必要的。我们最好准备好给员工的挑战，让他们最终可以独当一面，开创新的事业。我们必须要在他们身上培养出多年的溺爱让他们失去的东西——挑战未知的能力和有所作为的意愿。

3 000 美元预算的魔力

对于爱彼迎的创始人布莱恩和乔来说，他们的某些最具创意的举措源于非常基本的需求——他们付不起房租，所以必须想别的办法来赚钱。这引人深思——假如这两位设计师没有在经济危机期间失业，我们今天是否还会有爱彼迎？有时，给员工有限的资源能推动他们做出创造性的思考。这也是为什么在第 2 章谈即刻创新时，我们建议你给你的团队 3 000 美元或更少的预算来做出样品，这会迫使他们更灵活地利用资源。

赫尔曼·豪瑟创立了设计低功耗微处理器的安谋国际科技股份有限公司。如今，已经有超过 500 亿的安谋公司的芯片被售往世界各地。在公司成立之初，安谋公司的竞争对手是非常强大的全球性品牌，比如美国国家半导体公司、英特尔和摩托罗拉。但是如今，美国国家半导体公司不再是独立的公司；摩托罗拉也已经不再设计微处理器，而是采用了基于安谋公司的设计；就外销的芯片数量而言，安谋公司也已经超过了英特尔。安谋公司最初的装置是由史蒂夫·弗伯和索菲·威尔逊提议并设计的。而这两位来自英国剑桥的工程师是如何主宰了电子工业中至关重要的芯片的呢？

引用豪瑟的话来说：“当我们决定自己做一个微处理器时，我做了两个重大的决定。我给了他们的设计团队两样美国国家半导体公司、英特尔和摩托罗拉从来没给过他们的东西，那就是既没有钱，也没有人。对他们来说，唯一可行的方法就是简化再简化。”

提供资源这个行为，虽然是必要的，却容易减少挑战。这个行为意味着你的团队有可能让事情变复杂，也意味着你没有培养你的员工做出长期成功所需的艰难但极简的决定。

要允许人们做真实的自己，摆脱条条框框，自然地发展。你需要提供一种环境，让自觉的发明者领导自己，并给自己设定方向。这种做法与目前企业的普遍做法形成了鲜明的对比。

萨克斯的故事

尽管雅各布·萨克斯医生看着有点男孩子气，但他已经是一名杰出的生物化学家了。27 岁时，他有一个强烈的愿望想在 3 年内实现。于是，在得到了上司的允许后，他在数月的时间里利用下班后的时间在公司的实验室里做研究。他正在寻找治愈一种疾病的科学方法，这种疾病自他青春期起就一直困扰着他。1998 年，在萨克斯青少年时期，对他影响甚深的爷爷因肝部的恶性肿瘤去世了。这对萨克斯来说是沉重的打击，因为萨克斯 5 岁时他的父母离婚了，是爷爷陪他度过了很多周末的时光。正是在爷爷的葬礼上，萨克斯决心用毕生的时间找到夺走了挚爱家人的这种肿瘤的预防疗法。在 2010 年，萨克斯从约翰·霍普金斯大学毕业，并取得了生物化学博士学位。

研究预防疗法并没有立刻成为萨克斯工作内容的一部分，但他非常迫切地想在工作职责的基础上探索科学的治疗方法。萨克斯所在的公司是一家已经上市的大型美国医疗保健公司（萨克斯要求不对外公开公司的名称）。大概在研究开始的第 15 个月，他发现了一个能够有效治疗恶性肿瘤的重组体抗巨噬细胞移动抑制因子抗体。虽然这不是萨克斯一直渴望的预防性疗法，但他的发现有可能治愈已经被诊断出患有致命肿瘤的病人。

萨克斯带着他的成果去找了他的主管，主管把成果交给了公司高层。这引起了不小的轰动，随后公司马上就开展了对这一发现的验证，然后，高层决定将其投入人体实验。律师们为重组体抗巨噬细胞移动抑制因子抗体申请了专利，在 2012 年，公司在在美国招募到的病人身上进行了第一阶段的实验。同时，公司迅速开始在法国和德国进行药物检测和市场营销，因为在法国和德国，政府审批的速度要快于美国食品药品管理局。在法国测试一年后，萨克斯的药物疗法被推向了市场。

在2013年，仅仅在法国，药物疗法的收入就超过了预计的3 000万美元，达到了5 500万美元以上。在等待美国食品药品管理局批准的同时，公司将销售范围扩大到了整个西欧，前两年的预计收入可达5亿美元。

萨克斯用精妙的语言详细描述了他对于这项发现的感受，比如他用到了“被欢欣感征服”和“情不自禁”这样的词。他说：“我很庆幸选择了这条道路，因为只有在为消灭困扰我们已久的可怕疾病献出绵薄之力时，我才感觉到我还活着。”

在公司的眼里，萨克斯的所作所为无意间创造了新的可观的收入来源。在这个行业里，塔夫茨药物开发研究中心曾指出，将一种新药物疗法推向市场需要大约26亿美金，长达数年的研发更是再正常不过了。而现在，一名年轻的生物化学家只是用他的业余时间就偶然发现了一个改变命运的疗法。

为了奖励这个突破性发现，公司给了萨克斯1 500美元的奖金和几个奖励他公司股票的方案。但是萨克斯博士的发现从来没有获得过公开认可。事实上，在2014年一场制药工业颁奖仪式的晚宴上，是萨克斯的公司的董事接受了对这个创新性发现的表彰。萨克斯把这种失望看作传统等级制行业里的新手的必经之路，然后就释怀了。然而，在我们的电话访问中，他坦白道，他总是控制不住地想象如果公司对这个发现认可了他的贡献会如何，幻想如果他当时创业了，结果会不会不同。萨克斯说："这不是钱的问题，这关乎对我的成果的认可，因为现在我的成果能影响对抗癌症的发展进程……我必须承认，我确实会失眠，我感觉我已经被当初聘用我时说'做好工作，你就会被嘉奖'的公司忽略了。"

和萨克斯的遭遇类似的故事并不是没有发生过。很遗憾，他的故事体现出的是公司如何对待帮助公司更进一步的员工的常态。此外，当像萨克斯这样的人才得到相对于他们创造的价值而言如此微薄的金钱奖励和极低的认可时，这样的做法会给公司预设下什么样的先例？这种在等级制机构里很常见的行为，注定会逼走内部的创新者。对萨克斯的雇主来说，幸运的是，萨克斯还没有离开，但这种事不总是这样的结局。不过，萨克斯的遭遇中更具破坏力的也许是公司的行为已经破坏了能够让以人为中心的组织正常运转的互信。

人才公式配方

在以人为中心的公司里，个人的发展对公司的成功极为重要。尽管放开缰绳，让马儿跑得越快越好很关键，但在以人为中心的公司中保证个体的主动积极、自律诚实同样重要。

除非在以人为中心的公司中员工能培养出以上这些特质，否则让他们维持有实际意义的表现几乎是不可能的。对任一以上特质培养的失败都会导致表现不佳或更糟糕的结果，信任的能力也会消失。如果没有信任，员工就不可能承担风险，也就不会有什么创新。相反，如果员工在工作中不断被挑战，并坚持对抗挑战，那么一段时间后，信任和能力就会以良性循环的方式增强，他们的创新能力也会提高。一个以信任为导向、以人为中心的环境是我们追求的目标，但它始于员工对理想的基本承诺以及他们的能力，这两者会使这一环境发挥作用。

在人才公式中，组织的目标是给走出舒适区的个体带来挑战，因为只有这样他们才能成长。比如，要求他们的解决方案有创造性；通过让他们用最少的资源向市场推出一个产品来挑战他们；更高明的是，让他们挑战自我，也期待他们能做到。然后，当你的员工可以直面挑战并成功的时候，你一定要给他们丰厚的奖励；还要让他们知道失败不仅是可以接受的，还是必要的。还有，你要为你所了解的他们的能力和你期望他们能应对的更大挑战之间的差距做出努力，并利用这种努力来创造信任。

“通往硅谷之路”峰会：请求的艺术是这个群体的基础

你在练习请求的艺术吗？

第八章

请求的艺术

“通往硅谷之路”始于2010年黛博拉与珍妮特·汉森的一次通话。珍妮特·汉森是全球职业女性互助网站85女性（85 Broads），之后更名为艾莉维特网络（Ellevate Network），的创始人和高盛的前主管。她曾问黛博拉：“硅谷女性现在正在经历什么？无论是什么，你能把它‘打包’并传达给东海岸的女性吗？”

黛博拉在2006年已经从东海岸搬到了硅谷，所以她很清楚珍妮特的意图。即便在科技和风险投资领域，媒体对性别歧视的关注也不怎么讨人喜欢，但硅谷女性有一种强大的自信，她们敢于挑战极限，喜欢掌握主动权，这使得她们中许多人收获了财富和发展机会。在2010年，许多硅谷女性开始声名远扬，达到了东海岸相似条件的女性难以企及的高度。

黛博拉和珍妮特都认同，无论这个让硅谷女性特别自信和掌控全局的“它”是什么，“它”都绝对值得学习。她们召集了来自东西海岸的一群事业有成的女性——投资人、企业家、公司高管，并在 2010 年 11 月 11 日在加州门洛帕克市的瑰丽酒店宴会厅与她们会面。当天，脸书的首席运营官谢丽尔·桑德伯格发表了主旨演讲，《纽约时报》也报道了这次峰会。黛博拉和珍妮特把这次峰会取名为“通往硅谷之路”。但无论你来自东海岸还是西海岸，仍然有未竟之业要完成。

在策划峰会方案的时候，黛博拉对会议内容和流程感到头疼。这些成功的女性聚在一起时如何共度时光？她们是否愿意共享资源？她们能够从彼此身上学到什么？投资能否有回报？

珍妮特反复劝慰黛博拉说：“别再担心了……能让这些女性聚在一起就已经足够了。”有一点可以确定，这次峰会需要亲密的氛围，因此参会人数被限定为 50 人，即 25 位来自东海岸，25 位来自硅谷。她们会就座于一张 U 形会议桌以显身份平等。无论如何，这次峰会会全力营造一种安全可信的环境，让这些成功女性能够自在地交流思想。而且，峰会定了两条规矩：来“通往硅谷之路”的每一位女性都要参与其中，所有对话、合作都需要有一定推动作用。峰会也禁止在会上出现两类对话：平衡工作和家庭的讨论和对男性的诋毁。

“通往硅谷之路”本来只是一次性的活动。黛博拉当时是一家内容制作公司得沙制作（Desha Productions）的首席执行官，她正处于可能退出公司的业务部门的尽职调查状态。珍妮特则经营着85 Broads。她们俩都没有设计“通往硅谷之路”未来的发展。

《纽约时报》发表了关于这次峰会的题为《西海岸女性的冒险边缘》的文章后，黛博拉得到了来自国内各地女性的积极回应，包括芭芭拉·科科伦（美国广播公司电视台《创智赢家》节目的投资者之一）、吉恩·查兹基（财经记者兼《今日秀》的撰稿人）和一位在希腊拥有一座岛屿的女性。甚至连时任美国财政部官员的罗齐·里奥斯也找到她们，询问如何参与这个峰会。

第一次峰会后不久，黛博拉陆陆续续听到一些投资的消息，而这些投资正源自当时齐聚一堂的成功女性。波士顿的406投资公司（406 Ventures）的玛丽亚·西里诺和门洛帕克的博尔玛投资公司（Polmar Ventures）的阿曼达·里德正在分享投资交易心得。全球通信工厂（Global Communications Works）的苏西·金斯伯格是一位天使投资人，在峰会的午餐时间坐在科技公司企业家艾德里安娜·米塞尔的旁边，并向艾德里安娜提供了第一笔天使投资。对于这些女性在峰会中彼此相见并有所行动这一点，黛博拉和珍妮特非常自豪。

自那以后，黛博拉和她的团队撸起袖子准备大干一场。她们认为，为了让“通往硅谷之路”转变为众所周知的女性领袖商务洽谈平台，它需要对“交易量”做一个更为广泛的定义。“交易量”不仅仅与共享投资或进行交易有关，它也能引领行业女性领袖来到提升她们能力的平台，使她们得到机会去实现更高的目标。黛博拉和她的团队需要新闻媒体专家、在猎头公司的女性以及演讲经纪人和出版人，因为这些人能够帮助事业有成的女性获得媒体报道，让女性进入公司董事会和高管层，签订出书协议，成为主讲人。“通往硅谷之路”所建立的关系网不止覆盖参加峰会的那些人，还延伸到了其他成功女性的“六度分隔”理论所能辐射到的交际圈。换言之，“通往硅谷之路”的秘诀便是联结跨行业、跨地域的成功女性。

帕梅拉·里克曼是一位自由记者兼新晋作家，她在“通往硅谷之路”遇到了她的出版人并签订了《细高跟鞋网络》的出版协议。珍妮弗·阿伯内西是社交媒体公司销售休息厅（Sales Lounge）的首席执行官，她在峰会上发展了许多新客户，进而增加了公司的收益。玛莎·麦加利是世达国际律师事务所的合伙人，她帮助由硅谷企业家成功转型为风险投资人的海蒂·罗伊森进入了《财富》100强公司的董事会席位的审查流程。我们取得的进展正在向非常出人意料的方向前进。无论这些女性有多成功，有多么引人注目，这个团队都确保她们正确评价自己，脚踏实地地工作，并承认她们遇到的困难。一旦她们在会议上提出问题，整个团队便会一起找到一个解决方案。团队对每一位女性都是如此。

经过几次峰会之后，团队想出了一种关注交易的方法：每位女性提出一个请求并提供一次帮助（可以是集资，寻找一个战略伙伴、一种撤资策略或者公司董事会的一个席位，或是求人引见，去见一名企业高管、潜在客户、出版人或记者，等等）。由于这些女性随身携带着名片，而且她们要么是决策者，要么认识决策者，所以团队商定，会议当天或是之后不久，每一个人的请求都要有回应，帮助也要被接受。这种请求/帮助的交易模式非常有效率，并且在这些女性之间建立了一种特殊的纽带，因为她们志趣相投，所以不会感觉到某位女性是会议桌上唯一想追求更多却可能难以达到目的的人。这种需要亲自参加的峰会以及后来的线上团体就从“我需要这个”和“你需要那个”模式变成了“你可以帮助我吗”和“我愿意帮助你”的模式。黛博拉和她的团队建立了一个专以请求/帮助为目的的团体，正因如此，绝大多数参与者都能得到大量的新机会。

自“通往硅谷之路”发起以来，黛博拉在接受采访时会被记者反复问道：“这些事业有成的女性最令你感到惊讶的是什么？”她的回答始终如一：“总体来说，她们在更高的目标、知道需要什么和实际提出这些需求之间缺少一种联系。”我们得到的最重要的教训之一就是，如果你不提出请求，你就得不到帮助。因此，那些质疑她们真正所需的人总能不断地带给我们惊喜。

提请求对创新的重要性

对于每个个体来说，提出请求有益于引导他走向最终想要实现的目标，但是提出请求这一行为本身对公司来说同样意义重大，因为提出请求有益于员工确定他每天的工作方向以及长期的职业规划。当然，个体需要认识到他的请求是什么。但是在一个喧闹的世界里，我们已经丧失了请求的艺术（我们所处的社交媒体世界更多是在讲述），提出请求这种行为能力已经退化了。

在硅谷，最流行的开场白式的问题是“我有什么可以帮您”。这个问题强迫人们去习惯一种请求文化。这并不是说在硅谷的每个人都经常练习提出请求，但在创业文化主导的地方，一个新兴企业的成功与否完全取决于你是否能够成功地提出请求。从你成立一家公司起，你请求别人投资，请求他人入股，请求你的同事承担财务安全的风险，请求潜在的战略伙伴购买他们可能没有意识到他们需要的产品或服务，等等。硅谷人经常把他们自己看作创业者，他们对企业在流体经济中的运转和成长保持着机敏，而这些特质让他们在大部分他们可能会探索的领域中游刃有余。

为什么请求是推动创新必不可少的要素呢？根据《韦氏词典》，请求表示“为了得到答案或某些信息而说某些话”或是“要求（某人）做某事或提供某物”。没有请求，你就无法推进某些事，也不能获得成长或改进自己的想法，等等。因此，“请求”是创新过程的一个要素。同时，假如请求的艺术得以实践，且请求是在安全的环境和合适的语境中提出的，那么它就可以帮助你获得两个重要的结果：第一，员工能够平和地表达他们的所思所想，而管理者如果认真倾听的话，也能够从员工的想法中得到有益的信息。这为管理者提供了机会去了解员工的想法、思维过程以及如何最好地发掘他们的才能。第二，请求有机会创造呈指数型增长的认知和价值。通过求取一件不一定有结果的事，这个请求有可能转化为别人没想过的其他机会，而这会成为使人们的才能得到进一步发展的极具价值的工具。

营造一个安全的环境

今天，对管理者来说，没有比发掘员工的才能更重要的任务了，但这一定要在一个安全的环境中进行。在“通往硅谷之路”，我们为参会者营造了一个安全的环境供她们提出请求和提供帮助。我们首先为女性为什么参加这个峰会设定了预期，然后分配时间让大家求取她们的所需，以及为其他人提供帮助。参会的极具影响力的女性并不是一定要与其男性同业者隔离开来，只是对参会的女性来说，仍然有新的领域等待她们探索。对大多数参会者而言，与志同道合的人共处会带来极大的安慰，因为她们经历过类似的机遇和挑战。在峰会上，如果一位女性直言不讳，甚至发表了在其他场合被视为有风险的言论，她更有可能和在场的女性交流细节，因为她认为在那间屋子的其他人会点头以表示认同——她们有许多相似的经历。和一屋子合得来的人分享独一无二却又相似的经历是很有价值的。

试想，管理层往往定期与不同的业务部门开会来解决问题，那么其他团队为什么不能定期分享请求？你可以从相似的同龄群体入手，例如“女性的领导力”或“少数人 STEM 教育”团队，然后与其他同龄团体交流或共享技能，如此，这些新的背景会帮助个体了解、学习和理解其他专业技能的术语，也有助于在别人分享的信息和想法的基础上了解别人的喜好。

人才公式配方

请求的艺术将对你的创新增长“引擎”产生里程碑式的影响。然而，为了保证与会者提出请求的环节能成功进行，你必须将行动和时间落实到位，让与会者做好准备并建议他们这样做：

明确你最终想要努力和实现的目标。为了提出一个请求，你得知道究竟什么才是人们想要最终实现的目标。让你的员工记录并坚持实施某个月目标、半年目标或年目标。

在“通往硅谷之路”的网站（www.alleytovalley.com）上，我们会从一开始就要求参与者写下目标并通过签名来承诺将实现这个目标：

我，__________ 挑战我自己在以下期限内实现以下目标。

a. __________ 以前实现 ________________。

b. __________ 以前实现 ________________。

承诺人：__________

制订蓝图。此外，在“通往硅谷之路”的网站上，你还可以看到我们围绕着参与者的请求设计的回答什么、为什么、在哪里、如何做这类问题的蓝图。这份蓝图是针对参与者的目标和参与者需要遵循的步骤得出的私人定制战略方案。参与者需要知道为什么有这个目标，以及它将如何影响并有益于他人。参与者的计划会反映出参与者对引导他们当下和未来行动的关键因素的思考。一旦他们明确了具体目标，他们将可以更有效地实现它。请考虑以下问题：

- 使命和目的。你为什么要为这个目标而努力
- 价值主张。你的目标将如何使他人受益
- 目标受众
- 决策者。确定并列出有决策权的人，或许是能够帮助你达成目标的人
- 竞争优势
- 走向成功的挑战
- 差异。你有哪一点与众不同，可以使你成功而其他人却会失败

在别人身上检验你的请求并假设情境。在提出请求之前，首先要在至少 3 个人身上进行检验，比如你的另一半、朋友或可信

的同事。你需要知道你的请求听起来如何，看起来如何，怎么在公司这个更大的语境中调整为适合整体的规则和时间点。听取他们的建议，同时也要明白这个人可能对你的总体目标带有偏见或持不赞成的态度。

很有可能你提出请求的对象是拥有你所求的东西的人，这个东西可能是权力、金钱、资源、影响力等等，也可能是你目标领域的专业技能或知识。总之，要乐于接受别人的反馈，然后再想象可能出现的情景。

回归本我。你在提出请求时唯一能够失去的东西就是不提出请求。提出请求和你的自我无失，它是一个能达到相互了解的新高度的机会。通过提出请求，你其实是在分享你的想法，并有可能表露你现在和未来的兴趣所在。不论结果如何，你都在前进，这本身对设定目标和职业道路都有积极的意义。

在 30 秒内简明扼要地提出最初请求。人们喜欢听自己说话，但是与请求无关的内容占用的时间越多，和请求有关内容就会越少。众所周知的“电梯游说”是一种简明扼要的 30 秒游说方式。这种游说所用的时间与乘电梯的常用时间一样，大概 30 秒左右。普林斯顿大学的心理学家珍妮·威利斯和亚历山大·托多洛夫的研究表明，通过一个陌生人的面容对他产生印象只需要 1/10 秒，更长时间的接触并不会明显地改变既有的印象。因此，你最好不要浪费这30秒。“电梯游说”应包括以下几点要素：

- 你的目标
- 以一个问题作为开场白
- 你独一无二的卖点（为什么你是实现这一目标的最佳人选）

用3个论点来支撑你的“电梯游说”。通过使用3个简洁的论点来简明扼要地支撑你的“电梯游说”。例如，你可能会说出公司的名字，提供一个关于公司良好声誉的事实，并说出你要寻求的东西。这3个论点会囊括如何做、为什么、何地、何时等信息，这些信息会让对方考虑是答应你的请求还是讨价还价。游说时的声音要自信而洪亮，不要用顺从的音调，因为毫不迟疑的主导性游说能够证明你很清楚自己想要什么。

与你请求的人进行直接的眼神交流。这虽然是一条简单的规则，但在我们这个人们沉迷于科技的时代还是需要强调一下。正如卡罗尔·金西·高曼博士所说：“当我们在接触我们喜欢、敬仰或权力在我们之上的人时，我们会增加与他们的眼神交流。在更加激烈或亲密的对话中，我们更会自然而然地直视彼此，而且这种凝视会持续得更久。事实上，我们可以通过眼神交流次数的变化来判断人际关系：眼神交流越多，关系就越亲近。”

考虑双赢并期待得到肯定答复。游说对于建立你和所求之人之间互利互惠的关系来说是一个绝佳机会。试着利用这个机会寻找你们的共性和共同构想，思考你所能带来的价值，并以一种你和对方双赢的方式将它们呈现出来。

伊利诺伊大学厄巴纳－香槟分校的企业管理专业副教授杰夫·洛温斯坦在一次谈判报告中讨论了交易的3部分内容：索取价值、培养价值和创造价值。洛温斯坦说：“索取价值主要是通过运用权力和影响力来满足我们既有的利益，而第2个目标‘培养价值’与建立人际关系和声望有关，所以它更多地着眼于未来。”多次实验表明，从建立人际关系中收获的价值要比一笔交易的价值更加有意义。洛温斯坦接着说道：“如果你专注于发展人际关系，不要错误地认为你很软弱。要将目光放得更长远些，比如寻求一次晋升机会或合同续签，培养价值胜于索取价值。”这与第3个目标“创造价值”息息相关。创造价值涉及共享信息，以及找到让个体互助的方法。

带着对得到肯定答复的期待进入这个环节。赢家认为他们会赢，也如此期望，他们加入对话所持的能量会高于那些对潜在结果不放心的人。

如果你无法谈妥交易，那么请确保你能继续这场对话。在初次对话的一周内继续跟进，因为这个时间长度可以为你提供足够的时间来思考如何重新阐述你的请求，如何处理未回答的问题，并让对方知道你对所求的东西是非常严肃而坚定的。如果最终答案是“不”，你可以想办法请对方将他的答案改成“好，那么……”，并继续寻求新方法来改进你的请求，并建立一个联盟支持它。让你所求的人和管理者看到你的请求的价值是非常重要的。

不要忘记提供帮助

在硅谷，许多人问的第一个问题就是：“我有什么可以帮您？”这个问题最初来自那些非常成功的人，他们对在成功之前其他人对他们的支持非常感激。后来，通过逐步影响，这个问题就变成硅谷的创新成就不可缺少的良性循环的一部分。

在“通往硅谷之路”，我们有一个不成文的规定：在提出某个请求之前，你先得提供3次帮助。你不能只索取，而不考虑给予。在商界，请求的艺术应当是“我需要这个”和“你需要那个”。换言之，就是“你能帮助我吗”和“我愿意帮助你”，有舍也有得。“传承善行”引自莉莉·哈迪·哈蒙德的《在欢乐的花园里》一书，意为善行的受惠者又把善行回报给其他人而非最初的帮助者。在硅谷，传承善行是它最伟大的品质之一，也是它持续不断地取得经济成功不可缺少的品质之一。

你在给予希望的力量吗？

曼彻斯特彼得威尔公司，是一家从事社区培训和发展的公司，创始人比尔·斯特里克兰正在参与一节陶艺课。

结　语

信任的真相

洛斯阿图斯山是硅谷旁边一个众多 Technorati（著名博客搜索引擎）知名博主聚居的田园小镇。每次黛博拉晨跑穿过洛斯阿图斯山时，都会思考这个地区的过去和未来。这里住着英特尔的创始人戈登·摩尔，“摩尔定律”就是以他的名字命名的。转角处庄园的建造者是威尔弗·科里根，他在飞兆半导体公司的发展中起到了非常重要的作用，也是后来 LSI 公司的创始人。这儿是谢尔盖·布林的家，他是谷歌的联合创始人之一，同时也是拥有众多发明且在自动驾驶汽车和谷歌眼镜上引领创新的谷歌专利公司 Alphabet 的现任董事长。这里也是俄罗斯亿万富翁尤里·米尔纳的居所，他曾是脸书、推特和高朋的早期投资人，现在正在投资一个科幻小说般的计划——通过激光推进，向 4.37 光年以外的半人马座阿尔法星发送微型航天探测器，此举有望将探测器的往返时间从 3 万年缩短到 20 年。

除了极为富有之外，这些冒险者还有哪些共同点？他们明白创新在于人，而不是产品。他们展示自己登月般大胆的计划，并寻找最聪明、最具合作精神的人来实现这些天才的想法。他们鼓励别人大胆、不按常理地思考，分享他们的创意并一起探索不可思议的想法。他们聘请人才，并且等待这些人才来告诉自己他们应该做什么。他们充分利用合作伙伴的才能、兴趣、爱好和热情。这样的事情已经数不清有多少次了，但最终成果却远超所有人的想象。

然而，在硅谷指数型节奏的世界之外，企业的在职管理者还在以非常缓慢的速度了解什么可以释放人才的潜能，什么可以解锁隐藏的发展机会。很奇怪的是，这些管理者会投资很多东西，却经常忽视他们的员工。如今，很多管理者在科技、管理咨询、分销渠道、营销活动甚至是办公室的装饰艺术品上动辄投资数百万美元。这些都有账可查，但他们在员工身上的投资却很模糊，事实上，员工的这笔账也的确不好算。

你如何为员工的价值定价？按照招聘、培训他们的成本，按照他们的想法、成果、执行力吗？当员工并没有发挥全部的潜能或用尽他们的创造力时，可能会导致一些机会溜走，你如何确定这些机会的价值？说到员工，他们是有情感的人，他们要应对日常生活中的婚姻、后代、死亡、病痛、父母、朋友、敌人、错误、失败，这些很难一件一件地搞定。我们听过公司管理者说他们的员工是最重要的资产这种敷衍的话，如果真的是这样，为什么员工好像从来都不是公司的一部分，为什么这些管理者的管理方式是把他们自己放在公司最重要的位置上？

答案就在“天才”的巨大吸引力中。人并不是可以拥有的资产。我们是有自由意志的鲜活的生命；我们有感觉、兴趣、热情、喜欢和不喜欢；我们理性的同时也感性；我们会因为感觉而选择买某种东西，或者与另一个人更加密切地共事。甚至，整个公司的财富都建立在人的基础之上，比如哈雷戴维森公司就有一群非常热情忠诚的追随者，所以这个品牌有自己的哈雷车主会，可以充分体现哈雷所提供的专属社区生活方式。

天才并不遵循流程（即使可以辅以一个全员化的过程，就像“即刻创新”一样）。天才来自灵魂，来自头脑和直觉之间的一个我们能感受到的所在。我们一直相信，天赋通常源自一种认为有些事情可以改变和进步，或者可以被再创造的直觉。这种感觉在我们的头脑里穿针引线，连接我们的所知，激发我们对于什么可以得到改善或从零创造的想象。我们的直觉指引我们，头脑则将我们导向正确的道路。当直觉告诉我们想法是对的，我们就会采取行动。我们与能助我们实现这些想法的人为伍，如果这些想法可行，那天才的火花就会迸发。

尽管如此，公司并不会在天才上花费时间。因为天才没法用季度报告来衡量，也没有算法可以计算直觉或想象。管理者一直都在股东对利益的关注与员工潜在的才华之间寻找平衡，但我们都知道通常是哪一方胜出。其实，我们不需要想得那么明白，因为天才并不是一个数字。我们是人类，我们不需要对此抱有那么科学的态度。

天才可以启发别人。我们会看到，纽约巨人队的奥德尔·贝克汉姆用一只手接住橄榄球后，第 2 天全国数百万小朋友会试着模仿。埃隆·马斯克用线条优美的跑车模型重新定义了电动汽车，然后我们看到了余下的传统汽车工业开始紧跟其步伐。如果得到启示，我们会非常乐意对我们的生活做出改变。

为了培养天才，你必须把员工当作人看待。为了做到这一点，你必须审视你的管理风格。你对你的员工非常强硬还是非常爱护？你是否会控制他们的每一个举动和每一项花费？当你尝试解决问题时，你是否会倾听所有人的想法，哪怕他们的工资是公司里最低的？你是否正在提供一个可以让他们安心提出新想法的环境?

如果你能抽时间评估某个人，那你就能为某个人的下一个项目腾出时间，那么你就能花时间来了解某个人的天才。这是一条可以启发员工创新灵魂的准则。

我们期待这样一种世界：员工可以自由追寻他们的热情所在，工作可以按照他们的想法来提高、创造。我们期待一个尊重员工个性的世界。我们憧憬生活在这样一种世界，不仅仅是因为这个概念听起来很美好，或者打动了我们自己，而是因为这种世界运行起来更顺畅。历史已经教过我们压迫手段的危险性和希望可以带来的回报。美国建国所依赖的信仰之一就是自由和希望能创造更伟大的东西。

培养天才如同挑选好种子、肥沃的土壤和营养的肥料，只要给予其正确的环境、光和养料，你就有机会看到不可思议的东西开花结果；将其放在暗处或者养料不足，你最后的收获就会逊于预期。融合知识，并与他人合作，这样即使有失败的风险，你还是可能看到前所未有的全新的东西，而且这种东西美好到能够温暖我们的心灵。这就是天才。

一生当中，我们花在工作上的时间是最多的，所以当我们退一步并认真彻底地审视人才公式为何物时，答案其实很简单：以人为先！现在，我们会为你介绍 4 位我们最喜欢的能够充分诠释人才公式的人。

谢尔登·耶伦：员工需要像家人一样被照顾

当谈到做正确的事时，谢尔登·耶伦相信他的直觉。倍尔复（BELFOR）是一家提供火灾、地震、飓风和其他自然灾害的灾后救济、重建的公司。作为 BELFOR 的首席执行官，谢尔登让公司从价值 500 万美元的建筑公司发展成了利润高达 16 亿美元的世界最大的灾后重建公司。这种增长全部来自口碑，因为他的员工为顾客提供了非常出色的服务和情感支持。谢尔登给他的员工充分的自由，让他们成为顾客的平民英雄。如果你在一场失控的森林火灾里失去了一把有着百年历史的摇椅，那么看到一张刚完工的新摇椅放在你面前时，不要惊讶。如果在撤离的时候，你女儿最喜欢的泰迪熊丢了，可能会有一位 BELFOR 的员工找到了你们并亲手把这个泰迪熊交还给你的女儿。谢尔登使 BELFOR 的服务内容超出了任何工作订单或收据所能记录的范围。

谢尔登相信他的员工，他聘请员工的标准并不以他的标准为准，他看的是人。BELFOR 在全球拥有 7 000 多名员工，但谢尔登亲自见过每一位潜在的管理层候选人。年复一年，他亲手给每一位员工写生日卡片。当员工的孩子生病时，他会亲自飞去探望，并陪着每一个孩子戴上医院的腕带。当生意不景气的时候，他的任何行动都会以员工为先。

在 2007 年房地产市场经历十几年以来最大的萧条时，他的公司没有一位员工被裁掉，而这是谢尔登通过冻结工资，减半高管的薪水，以及承受巨大的私人财务损失做到的。在 2011 年 1 月的哥伦比亚广播公司真人秀《卧底老板》中，谢尔登成了第一位在与员工的接触过程中卸下伪装并展露真容的卧底首席执行官。他与一位出色的员工在狭小、潮湿又肮脏的只能匍匐待着的空间里相处了数个小时，并在倾听了她因为没有得到加薪而遭遇的严重家庭问题后，揭晓了自己的身份。他意识到他并没有和她或公司其他人分享过他冻结工资的原因，于是他迅速做出了反应，改正了这个问题。

在 2016 年 7 月美国全国广播公司财经频道的《做到》（Make It）专题节目里，谢尔登分享了为什么这么多管理者把错误的事放在优先的位置。耶伦说："你没法通过智能手机、短信来表达或感受情绪、同情、热情或意图。"谢尔登的日常交流仅仅依靠一部翻盖手机，他鼓励与同事、客户、朋友和家人之间用电话沟通，虽然在这个科技持续发展进步的世界里，这似乎已经过时了。他这种平易近人的态度使他这位国际公司的首席执行官与他的员工和家人培养了非常亲密的关系。

阿兰·汉密尔顿：打碎风险投资的面孔

几年前，从事音乐巡演行业的阿兰·汉密尔顿开始着迷于创业。她开始倾听一些创业公司创始人和天使投资人的故事，还给予他们建议，帮他们牵线搭桥，这变成了她的一种爱好。帮助这些企业家集资让阿兰获得了极大的快乐和满足。在2008年美国国家风险投资协会会议上，风险投资家约翰·杜尔在演讲中提到了他愿意投资的创业者类型，“白人、男性、书呆子……哈佛辍学者”。但久而久之，阿兰发现，在不符合这种类型特点的庞大的创业者群体身上，存在着一个投资人的盲点。阿兰意识到，这是一个潜在的机会，“传统投资人的损失可能会让我有所收获”。

阿兰的家世背景完全与风险投资的事业扯不上关系，她看起来也绝对不是这类人。她不属于硅谷，她30多岁、非裔，还是同性恋。她曾尝试通过其他风险投资人来募集资金，但她强调，在刚开始的时候，她得到的只是硅谷大佬们拍拍她的头和“我们稍后再谈”的回应。

终于有一天，阿兰再也无法忍受那种典型的风险投资人的面孔，于是她在著名博客平台媒介（Medium）写了一篇博客，名为《亲爱的白人风险投资人：如果你正在读这篇文章，那（几乎）已经太迟了》，并得到了疯狂的转发。在文中她写道：“因此，如果你还没有一支由有色人种、女性或同性恋、双性恋及变性者（LGBT）所组成的团队来积极地追踪每一个线索，搜寻每一个隐藏的角落，突破常规并寻找这个国家里够资格却被忽视的创始人，那么在其他投资者得到一大笔财富的时候，你却会与之失之交臂。”

这篇博客吸引了硅谷最具价值的投资人之一马克·安德森的注意。阿兰邀请马克关注她的推特，之后他们开始就其他话题进行交流。

在 2016 年 8 月 *Inc.* 杂志的一篇名为《这个女人如何从无家可归到经营一家数百万美元的创业基金》的文章中，阿兰提到为了这个使命，她做出了一切必要的牺牲，仅靠她一己之力白手起家。在长达数月的时间里，她无家可归，“睡沙发，住汽车旅馆，睡在汽车里，或者睡在机场”。但她并不在意，因为说到底，是统计数据一直支撑着她。具体来说，根据 2016 年 2 月发布的黛安计划（ProjectDiane，两年一次的针对美国黑人女性创始人和她们的创业公司的人口统计调查）报告显示，在 2012—2014 年，仅有 24 名非裔美国女性获得了风险投资。阿兰知道，她会将这个使命一直坚持下去。

正当疲惫的阿兰坐下来认真思考现实时，苏珊·金伯利给她打来了电话。苏珊是贝宝（PayPal）和软件营销部队（Salesforce）的资深技术员，她们相识于之前的 Y Combinator 女性创始人大会，因为都相信“多元化”在未来会成为科技领域的重大发展，她们建立起了友谊。苏珊说：“我加入。”在一年的募集资金活动之后，阿兰的这支专为女性、有色人种和 LGBT 弱势群体设立的“幕后资本”基金终于得到了第一笔投资。在苏珊之后，几位投资巨头都加入进来，包括马克·安德森、克里斯·萨卡和他的夫人克里斯特尔·英格利希、戴维·罗斯、亚伦·李维和斯瓦提·麦拉瓦拉普。

一家名为 Tinsel 的公司的首席执行官阿尼娅·威廉姆斯是阿兰早期的投资对象之一。在 *Inc.* 杂志里，阿尼娅说道：“去年，我正在集资。黑人、女性、怀有身孕，这些标签完全提不起投资者的兴趣，打击一个接着一个，但当我和阿兰聊天的时候，她马上就懂了。”

阿兰明白大家会关注她，会更严格地审视她的投资和收益。“我的工作是为投资者赚钱，而要做到这一点，不能只基于我的情感。想要赚到钱，必须投资那些厉害的公司。”

当黛博拉问阿兰为什么她坚持到了最后，而且坚信可以拿到通向风险投资的钥匙，阿兰解释道：“我在成长的过程中很快就明白了，如果想要平等，我就必须做更多。如果我想得到一个机会或被人认真对待，那就必须付出至少两倍的努力。”

霍莉·洛克新：仅仅影响投资并不够，我们需要一个新的价值体系

霍莉·洛克新在高盛、摩根士丹利、蒙哥马利证券公司和美国银行等华尔街一些极为重要的公司通过为全球金融系统客户投资建立了她的事业。在这些大公司里，霍莉学到了游戏规则，并掌握了生存所需的特质：坚强、强势和套路。在由金融衍生品交易员升到理财经理的过程中，她对资本市场和投资的热爱指引着她在短期和长期内支持客户的价值观、需求和目标。霍莉已经掌握了取得成功的技巧。

到 2008 年为止，霍莉在旧金山过着快乐的生活。她有两个小孩，第 3 个马上就要出生了。她的生活正按照她多年前设计好的轨迹前进着。然而突然有一天，一切都变了。她的小儿子特雷弗并没按照他“原本的”成长进度长大。在差不多 5 岁的那一年，特雷弗的成长戛

然而止：他失去了说话、走路、使用双手以及与别人在肢体上或精神上互动的能力。

霍莉在数年间到处寻医问药、咨询各领域的杰出医生，但没有人能诊断出特雷弗的病症，即使是那些有着常青藤盟校背景的优秀医生或主席的顶尖医院或顶级研究机构也做不到。特雷弗的情况让霍莉不得不重新审视她的生活。

而几乎是在同一时间，华尔街开始动荡，随之而来的金融危机开始深深地影响全球和美国的经济。霍莉在金融衍生品方面的经验使她明白这一市场的不透明和贪欲纵横，她也预见到那些她曾经尊敬并欣赏的同事与她相去甚远的价值观可能会带来的灾难性后果。她的内心有一个声音越来越响，她也问自己："社会顶层人士的价值观和我的一样吗？"

这个答案并不是一下子就能得出的。在多年的思考、观察和自我坦白之后，霍莉意识到，一个新的价值体系是唯一的出路。这是一个有很多现实意义的庞大计划。现在，她是一家名为蒙特卡姆公司（Montcalm）的创始人和首席执行官。Montcalm是一家以诚实、协作、参与和客户可持续性为宗旨的财富管理和资本市场交易公司，它在支持投资者价值观、需求和目标的全新的全球社会经济模型中，为更好地培养金融人脉和投资提供指导。霍莉监管组合资产分配，包括内部管理的国内外的固定收益和股权，以及外部管理的其他投资方式。

从一个无法维持的金融体系中重新调配资产需要一种全球资源转移，而这单靠有钱的捐赠者或以补助为基础的项目是远远不够的。为了大规模地创造盈余，并提高全球对于可行的金融世界的认知标准，霍莉相信自由市场需要透明、流动且可用的投资工具。设想一个提供诸如奶牛、使用井水权限或编织毯子所需的纤维的补助计划，这个计划多年的统计数据可以证明贫困家庭开始拥有自己蒸蒸日上的小生意。霍莉的设想是从这种补助计划中获得这种数据，然后创造一个结构和框架，让投资人看到预期投资收益的时间节点和数目，并发行一种像苹果、沃尔玛或微软的股票那种容易买卖的证券。

通过与联合国可持续发展目标和美国全球连通计划的协作，霍莉正致力于为推动全球性连通的计划提供创新性的、以资本市场为基础的资助。尽管很多人可能会把这种行为称为“投资”，霍莉却并不赞同这种描述，她相信这比投资的意义更加深远。于她而言，“社会”意味着我们社会的行为，而“经济”是能够达到某一预期效果的一系列进程。仅仅关注作用会让人忽略基础。我们需要问一问是什么因素在引导社会的价值观。我们相信投资意味着创造价值，并让我们的星球走向更美好的未来吗？按照霍莉·洛克新的说法，是的。而且她正在向全世界证明，投资领域的新商业模式是可以让人获利的，也会给这个世界带来巨大的社会变化。

比尔·斯特里克兰：我们做的是希望生意，我们制造希望

这个成员人数超过 50 人的视频制作团队密切关注着小威廉·E. 斯特里克兰说的每一个字，不是因为他的原声片段非常棒——虽然真的很棒，而是因为他真的知道如何打动别人。拍摄人员并不清楚他的故事，而他们的目的也只是完成为当地医院拍摄商业短片的任务，然而，每个人都被他真诚的情感和有启发性的同情心深深打动。他会让你起鸡皮疙瘩——他就是这么鼓舞人心。

他坐在陶轮前面，驾轻就熟地做着一个陶具，双眼闪烁着兴奋愉快的光芒。这个视频团队并没有意识到，对比尔来说，陶艺真的让他快乐。因为晚期慢性阻塞性肺病，他已经差不多两年没有力气制陶了。他刚刚做了一个双肺移植手术，现在是他术后的第 5 个月。因此，当他回到让他寻得生命的“北极星”和故事开始之地时，所有人的目光都聚集到他身上是理所当然的。

比尔本是芸芸众生的一员。他长在匹兹堡，从小就被摇摇欲坠

的钢铁工业中的种族歧视深深困扰。作为一名成长在黑人民权运动期间的黑人，他承认他完全没有思考过自己的生活。他从来没有想过未来，因为梦想只属于那些能负担得起梦想的人。

进入高三后，他的成绩逐步下滑。有一天，在偶然路过一间教室时，他被一位美术老师迷住了。那名老师叫弗兰克·罗斯，他正在一边制陶一边听爵士乐，他只是抬起头说："小伙子，我能帮你什么吗？"这是第一次有人对比尔表现出兴趣。

比尔无法转移他对陶轮和它神奇的旋转的注意力，在看到陶土成形的那一刻他就完全投入了，并从中找到了一种新的使命感。弗兰克开始指导比尔，而他的支持在消除比尔对周围世界的冷漠中起到了至关重要的作用。结果，比尔在 1969 年以优异的成绩拿到了匹兹堡大学美国历史和外交关系的学士学位。

不过，在大学期间，比尔并不仅仅满足于卖陶瓷艺术品和成为一名受人尊敬的当地艺术家。特别是在马丁·路德·金博士被刺杀以后，比尔发现黑人群体越来越需要希望。他遇到了无数在城市的衰败中挣扎生存的孩子，这些孩子感觉自己没有任何出路。比尔自己就很清楚他们在经历着什么，他觉得自己必须让他们睁开双眼，看看更广阔的世界，就像弗兰克为他所做的那样。

从那以后一直到今天，他都相信人是资产，并不是负累，他们被对待的方式会决定他们的表现和行为。人可能在各种各样的环境里出生，但所有的人都值得拥有美丽、光明和希望。

在大学毕业前，比尔创立了曼彻斯特工匠协会（MCG），旨在让他所在社区的青少年接受艺术教育和导师制教育。48 年后，这个项目通过陶艺、摄影、化学制药、数码影像设计、厨艺等领域的课程和研讨会每年大约能影响 3 900 名青少年。MCG 艺术部通过展览、演讲、研讨会、实习和交流学习的方式让学生能拥有与全国甚至国际范围内颇有声望的访问艺术家密切合作的机会。现在，98% 的 MCG 学生能正常从高中毕业。

此外，比尔后来还在曼彻斯特彼得威尔公司的名下建立了几个全国性和国际性社会企业，涉及领域从获得过格莱美奖的唱片公司到爵士演唱会，从成人职业培训中心到一个 4 万平方英尺[①]的大规模温室。但他最杰出的贡献就是传播了“希望能够疗伤”这一理念。事实上，比尔一直被称为“希望制造者”。

“当接受福利救助的单身母亲们在转乘几次巴士后筋疲力尽地来到我们这里，她们会发现她们坐着休息的沙发都是艺术品。我希望我们的学生能够因艺术而感觉舒适，我希望他们每次转身都能面对美的

① 1 平方英尺 ≈0.09 平方米。——编者注

东西。”比尔说。

如今，比尔已经采用他的教育模式，在艰难时期通过2016年11月开始运营的阿卡艺术科技中心在美国和中东的10个城市发起呼吁大家制造希望的活动。他相信基于曼彻斯特彼得威尔公司的设计不仅可以给予当地人力量，还能为不同信仰之间的分歧架起沟通的桥梁。

匹兹堡摄像团队在拍摄时一个词都不想错过，不过，比尔能成功完成这个短片却是毫无疑问的，因为比尔对所有人的希望和信心都坚定不可动摇，不管他们出生于什么样的环境。“我已经找到了治愈我们精神癌症的方法。”比尔说。通过为人们提供成功所需的工具，让他们快乐并激励他们工作，人们会得到极大的成长。比尔对于改善弱势群体处境的努力和奉献始终如一，他坚持给他们最好的，而且毫不吝惜他的设施和教育资源，因为他知道社会经济地位低的人往往受到非人的对待，也很早就接收过他们没有未来或者他们的生命一文不值这样的信息。具体来说，这些人所看到的周围的一切就是他们配有的全部。比尔说：“生命是真实的，并不仅仅是一种概念。”

去激励你的员工吧

自2011年夏天和加州山景城的黑客道场机器人团队有了第一次对话后，我们共同设计了对创新效率的设想。黛博拉对戴维在道场开创的蒙台梭利式问题解决方法非常着迷，在黑客道场，许多团队可以一起合作，每个人也可以通过深入思考全局中的某一细分问题产生突破性的想法。黛博拉产生了这样的思考：“如果每个公司都有类似黑客道场的平台来解决问题，并激发大家提出大胆的想法，会怎样呢？”

我们两人都来自等级制、官僚制的环境，在这种环境里，人从来都不重要。但是，那时为了找到另一种更好的方法，经受这些很磨砺心性的过程是必经之路。现在，我们可以引导组织走向一个更友善、更平和的未来，提供一条让公司可以生存和繁荣的发展之路。

就像我们欣赏信仰坚定的人一样，公司也需要信仰和文化，这样公司内外的人都能了解它的价值。员工需要一种宽容的文化，他们不应被事无巨细地管理，也不应被命令和控制，反而应该像家人一样被对待，这样他们才能得到机会去努力做到最好，并帮助公司摆脱起步的艰难，逐渐发展成熟。

我们那天在黑客道场以及之后的很多次交流奠定了这本书的基

础。毫无疑问，近在咫尺的未来会以超过历史上任何时期的发展速度发生变化。对于我们所有人来说，未来会更加不确定，风险更大，但回报也更大。在这样的未来，我们理应关注并启发我们的员工，因为只有这样，我们才能怀有对成功的坚定信念，勇敢面对并不明确的未来。

致　谢

我们想向许多优秀善良的人表达我们的感激之情。首先，我们很感谢黛博拉的儿子多米尼克，因为他让我们有相识的机会。多米尼克在 2012 年参加了戴维在山景城黑客道场举办的机器人学习活动。在一堂周六的课上，我们共同的熟人维维克·阿格拉瓦尔和他的儿子罗翰·阿格拉瓦尔决定把我们介绍给彼此。很快，我们就发现彼此在人才和创新方面志趣相投，而且都拥有非常远大的理想，也都明白如果和那些在你提出请求时他会欣然答应的聪明人合作，那么一切皆有可能。

如果没有我们的经纪人温迪·凯勒，这本书不可能出版。她付出了很多心血，也非常执着，并说服我们选择了贝雷特–科勒出版社（Berrett-Koehler Publishers）出版这本书，因为该出版社在出版过程中的团队协作非常高效。同样，我们也非常感谢我们的编辑尼尔·马耶，他帮助我们成功地传达出了这本书想要传达的重要思想。

感谢同样热衷于创新的兄弟姐妹们，感谢拉斯洛·吉奥飞、莉萨·弗雷德曼博士、赫尔曼·吉尔。他们一直很乐意参与进来，倾听我们的想法，提供我们需要的趣闻轶事，或者对现状和未来进行非常精彩的辩论。

感谢菲利普·法拉赫在工作和家庭生活中抽出大量的时间为本书的内容和框架做出关键精准的评价。感谢丘吉尔俱乐部的首席执行官卡伦·塔克随时都愿意为我们写浅显易懂的序言。

感谢黛博拉的演讲经纪人，来自下一步向上（Next Up）的迈克尔·汉弗莱，他总能为我们提供有关当今商业文化的最新鲜有趣的素材。

感谢萨姆·梅特卡夫花时间与我们分享CRM的运营细节，并给我们提供额外的文献资料。

感谢萨姆·海德花时间为我们描述了“技术伙伴”公司（TTP）思维模式的丰富简约性以及它的理想榜样。

感谢约翰·舒克为戴维展示了精益生产系统不仅是一个系统，也同样是一种态度。也感谢德沃德·索贝克教会我们什么是真正的精益产品研发。

感谢阿比·格雷厄姆和科林·克劳利在一些特定的案例分析中给我们提供的极为珍贵的信息和指导。

感谢我们的家人，没有他们的支持，就没有这本书。